켄 윌버의 **통합비전**

켄 윌버를 이해하기 위한 가장 쉽고 핵심적인 입문서

# 켄 윌버의 **통합비전**

## the integral vision

켄 윌버 | 정창영 옮김

삶, 종교, 우주 그리고 모든 것에 대한 혁명적인 통합 접근법

김영사

# 켄 윌버의 통합비전

1판 1쇄 발행 2014. 10. 13.
1판 5쇄 발행 2024. 3. 22.

지은이 켄 윌버
옮긴이 정창영

발행인 박강휘
편집 김동현 | 디자인 이경희
발행처 김영사

등록 1979년 5월 17일 (제406-2003-036호)
주소 경기도 파주시 문발로 197(문발동) 우편번호 10881
전화 마케팅부 031)955-3100, 편집부 031)955-3200 | 팩스 031)955-3111

값은 뒤표지에 있습니다.
ISBN 978-89-349-9332-2 03180

홈페이지 www.gimmyoung.com       블로그 blog.naver.com/gybook
인스타그램 instagram.com/gimmyoung   이메일 bestbook@gimmyoung.com

좋은 독자가 좋은 책을 만듭니다.
김영사는 독자 여러분의 의견에 항상 귀 기울이고 있습니다.

통합적인 접근은 자신이 어느 단계에 있는지 자동적으로 점검하고
알아차리게 한다. 그렇게 되면 개인적인 변형, 사회적 변화, 사업의 성공,
아니면 그저 단순한 삶의 만족을 위해서 등 여러분이 목적하는 바를
이룰 수 있는 가능성이 극적으로 증가할 것이다.

chapter **1**

서론

우리 자신의
생명과
의식에 대한
의미를 어떻게
파악할 수
있을까?

나 자신과
내가 서 있는
'멋진 신세계'에 대한
포괄적인 지도를
갖게 된다면
어떻게 될까?

지난 30여 년 동안 우리는 역사상 처음 벌어지는 상황을 목격했다. 전 세계의 문화를 누구나 접할 수 있게 된 것이다. 예를 들어 당신이 과거 중국에서 태어났다면, 일생을 동일한 문화 속에서 보냈을 가능성이 많다. 그것도 한 지방에서, 때로는 한 집에서 살며 사랑하고 죽었을 것이다. 그러나 오늘날에는 지리적인 이동은 물론이고 지구상에 존재한다고 알려진 모든 문화를 배우고 경험할 수 있게 되었다. 지구촌의 모든 문화가 서로에게 개방되었기 때문이다.

지식 자체가 이제는 전 세계적인 것이 되었다. 이 말은 우리가 역사상 최초로 인류 지식의 전체, 곧 근대 이전, 근대, 근대 이후의 주요한 인류문명의 지식과 체험과 지혜와 철학적인 성찰을 접할 수 있고, 누구든지 그것을 연구할 수 있게 되었다는 뜻이다.

만약 다양한 문화가 말하는 인간의 가능성(영적인 성장, 심리적인 성장, 사회적인 성장의 가능성)을 모두 모아 책상 위에 펼쳐놓는다면 어떻게 될까? 지금 우리에게 열려 있는 인류의 지식 전체에 근거해서 인간의 성장에 결정적으로 중요한 열쇠가 무엇인지 찾으려고 한다면 어떻게 될까? 세계의 위대한 전통을 망라하는 광범위한 문화횡단(비교문화)적인 연구를 통해, 모든 문화가 지니고 있는 최고의 요소들을 포함하는 포괄적인 통합지도integral map를 만들고자 한다면 어떻게 될까?

까다롭고, 복잡하고, 엄두가 나지 않는가? 어떤 점에서는 그럴 것이다. 하지만 놀라울 정도로 단순하고 정밀한 지도를 만들 수도 있다. 지난 몇십 년 동안, 인간의 가능성에 대한 포괄적인 지도를 만들기 위한 광범위한 조사가 계속되었다. 그 결과 고대의 샤먼과 현자들부터 대단히 발전한 현대의 인지과학에 이르기까지, 인간 성장에 관해 알려진 모든 시스템과 모델을 사용해서, 이들 속에서 뽑아낸 다섯 가지 중요한 인자因子를 이용하여 지도를 만들 수 있었다. 이 다섯 가지 인자는 인간의 진화에 대한 열쇠이자 진화를 촉진하는 근본적인 요소이다.

자, 그럼 통합적인 접근의 세계로 들어가보자.

## 통합적인 또는 포괄적인 지도

무엇이 다섯 가지 요소인가? **4분면**quadrants, **수준**levels, **라인**lines, **상태**states, **타입**types을 다섯 가지 요소로 본다. 여러분은 이 다섯 가지 요소를 지금 당장 **여러분의 의식에 적용할 수 있다**는 것을 알게 될 것이다. 이 다섯 요소는 단순히 이론적인 개념이 아니다. 앞으로 논의가 전개되어감에 따라서, 이들 다섯 요소가 여러분 자신의 체험 양상과 여러분 자신의 의식 상태를 보여준다는 것을 스스로 알게 될 것이다.

그렇다면 이 '통합지도'를 사용하면 어떤 이점이 있는가?

첫째, 통합지도는 여러분이 사업, 의료나 의학, 심리치료, 법, 생태학 등 어떤 분야의 일을 하든지 또는 그저 평범하게 일상적인 삶을 영위하든지 여러분이 하는 일에 토대를 마련하는 데 도움을 준다. 만약 로키 산맥 위를 비행한다면 지도가 정확할수록 추락의 위험성이 줄어들 것이다. 통합지도는 어떤 상황에서든지 그 상황에서 사용할 수 있는 모든 자원을 활용 가능하게 해준다. 따라서 그만큼 성공 가능성을 훨씬 높여 준다고 할 수 있다.

둘째, 어떤 일에나 이 다섯 요소가 있기 때문에, 어떤 일의 다섯 요소의 위치를 정확하게 정하는 법을 배운다면 그 일을 보다 더 쉽게 평가하고 실행하고 사용할 수 있게 된다. 그러면 폭과 높이와 깊이 차원에서 존재의 성장과 발전 속도가 대단히 빨라질 것이다. 물론 사업이나 직업 영역에서의 뛰어난 성공을 말하는 것은 아니다. 단순히 통합모델에서 사용하는 다섯 가지 요소와 친숙해지는 것만으로도 발견과 각성이라는 흥미진진한 여행에서 더 쉽고 더 충분한 길안내를 받을 수 있을 것이다.

요컨대, 통합적인 접근은 그대 자신과 그대 주변의 세상을 보다 더 포괄적이고 효과적으로 보는 데 도움을 준다. 그러나 출발하기 전에 꼭 기억해두어야 할 사실이 있다. 통합지도는 어디까지나 지도일 뿐이라는 것이다. 그것은 실제 땅이 아니다. 지도와 실제 땅을 혼동하는 것을 원치 않으며, 정확하지 않거나 오류가 있는 지도로 작업하는 것 또한 원치 않는다. 잘못된 지도를 갖고 로키 산맥 위를 비행할 수는 없는 노릇 아닌가? 통합지도는 그저 지도일 뿐이다. 하지만 우리가 지금 가지고 있는 지도 중에서는 가장 완전하고 정확한 지도이다.

## IOS란 무엇인가?

IOS는 **통합운영체제**Integral Operating System를 일컫는다. 운영체제는 정보네트워크에서 다양한 소프트웨어 프로그램을 돌리기 위한 기초구조이다. **통합운영체제** 또는 **IOS**는 통합지도를 일컫는 다른 말이다. 요점은 간단하다. 만약 여러분의 삶에서 이를테면 사업, 직업, 놀이, 또는 인간관계 등 어떤 '소프트웨어'를 가동하려면 가장 좋은 운영체제가 필요한데, IOS는 그 요구에 딱 들어맞는다. IOS는 모든 프로그램을 실수 없이 가장 효과적으로 돌릴 수 있게 해준다. 결국 IOS는 통합모델의 포괄적인 성격을 그대로 대변한다고 볼 수 있다.

그러면 통합지도 또는 통합운영체제의 가장 중요한 사용처는 어디일까? IOS는 춤, 사업, 심리학, 정치, 생태학, 영성 등 인간의 모든 활동을 위한 색인index을 만드는 데 도움을 줄 수 있다. 그래서 다양한 활동 영역들 간에 대화가 가능하게 한다. 예를 들어 IOS를 사용함으로써 비즈니스는 생태학·예술·법률·시·교육·의학·영성 등과 완벽한 의사소통을 할 수 있는 용어와 개념을 갖게 된다. 이런 일은 인류 역사에서 결코 없던 것이다.

통합적인 지도 또는 통합 OS를 사용해서 통합적인 접근을 하면 전문 영역을 가로지르는cross-disciplinary, 그리고 자기 영역을 초월하는 transdisciplinary 지식 계발을 촉진할 수 있고, 그 속도를 극적으로 높일 수 있다. 그래서 세계 최초의 진정한 통합 학습공동체를 창조할 수 있다. 통합적인 접근법을 종교나 영성에 적용하면 통합영성센터Integral Spiritual Center의 창조가 가능해진다. 거기서 주요한 종교의 영적인 교사들이 모여 대화하면서 서로서로 배우는, 최고의 배움이 일어날 것이다. 원하기만 한다면 누구나 그 중요한 모임의 일원이 되어 언제라도 배움에 참여할 수 있다.

이 모든 작업은 다섯 가지 간단한 요소를 당신 의식의 등고선에 배치하는 일에서부터 시작한다.

chapter 2

주요
구성
요소

그대 의식의
가장
본질적인
양상은
무엇인가?

지금 이 순간…

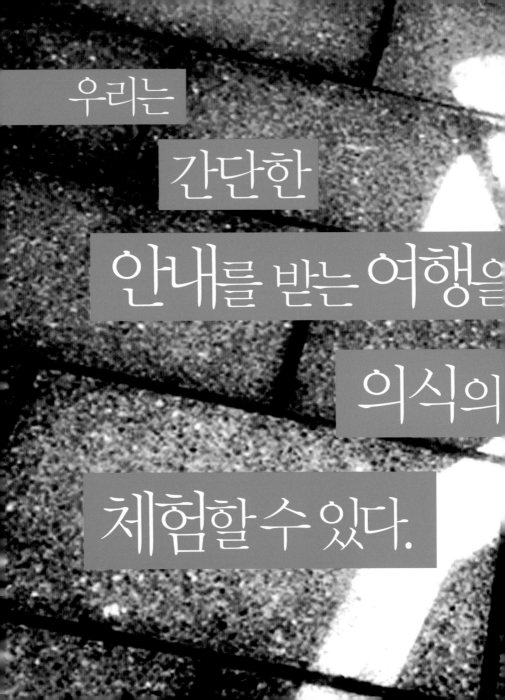

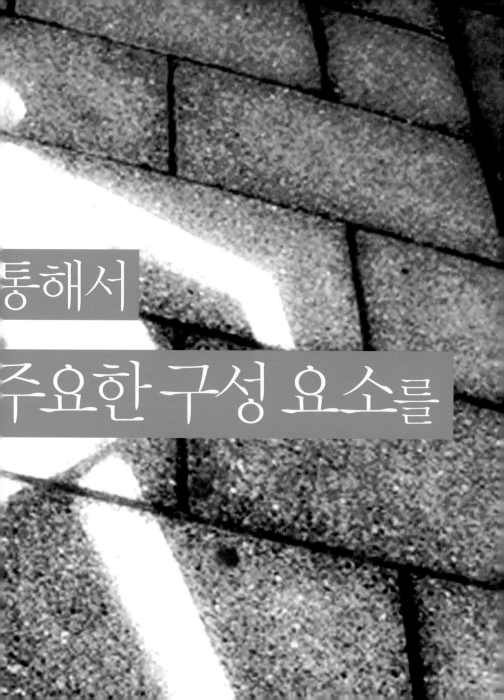

통해서

주요한 구성 요소를

앞서 통합지도 다섯 가지 요소의 모든 양상을 지금 당장 그대의 의식에 적용할 수 있다고 말했다. 그렇게 하면 삶의 여행에 도움을 받을 수 있다.

지금 그대 자신의 의식에 다섯 요소의 위치를 표시할 수 있다면, 지금 당장 그렇게 하지 않을 이유가 어디 있는가?

통합지도를 구성하는 어떤 요소들은 그대 안에 있는 주관적인 실체이고, 어떤 것은 그대 바깥 세계 안에 있는 객관적인 실체이며, 또 어떤 것은 다른 이들과 공유하는 집단적 또는 공동의 실체이다. 그중에서 주관적인 실체에 해당하는 의식 상태부터 이야기해보도록 하자.

## 의식의 상태

우리는 깨어 있는 상태, 꿈꾸는 상태, 깊은 잠에 빠져 있는 상태 등 주요한 **의식의 상태**에 대해서 잘 알고 있다. 그대의 지금 의식은 깨어 있는 상태이다(또는 몹시 피곤하다면 백일몽 상태일 수도 있겠다). 요가나 명상이나 관조적인 기도 등으로 유도된 '명상 상태'를 포함하여 약물 등으로 인한 '변성altered 의식 상태', 다양한 '절정체험peak experiences 상태' 등 여러 가지 다른 의식 상태가 있다. 절정체험은 대개 강렬한 사랑에 빠지거나 자연 속에 몰입하거나 정묘한 음악을 듣는 등의 깊고 강렬한 체험에서 비롯되는 경우가 많다.

세계의 위대한 지혜 전통 이를테면 기독교의 신비주의, 힌두교의 베단타, 불교의 금강승, 유대교의 카발라 등에서는 인간의 **자연적인 의식 상태**를 깨어 있는 상태, 꿈꾸는 상태, 꿈 없는 깊은 잠 상태의 세 가지로 구분한다. 이런 알아차림은 우리가 그것을 정확하게 사용하는 방법을 알기만 한다면 실로 영적인 지혜의 보물이라고 할 수 있다. 우리는

절정체험:
번개가 내려치듯!

보통 꿈을 실제성이 떨어진다고 생각한다. 하지만 깨어 있는 상태에서 꿈의 의식 상태로 들어갈 수 있다면 어떻게 될까? 또 깨어 있는 상태에서 깊은 잠의 의식 상태로 들어갈 수 있다면 어떻게 될까? 그러면 뭔가 놀라운 것을 배우게 되지 않을까? 우리는 앞으로 세 가지 중요한 자연적인 의식 상태인 깨어 있는 상태, 꿈꾸는 상태, 깊은 잠 상태의 의식이 모두 영적인 각성의 스펙트럼을 이루고 있다는 것을 탐색해볼 것이다. 여러분은 아마 '사토리satori'라는 말을 들어보았을 것이다. 사토리는 선禪에서 영적 각성의 깊은 체험을 표현하는 말이다. 그 체험에는 우주 그 자체의 궁극적인 비밀을 알아차리는 것이 포함되어 있다고 한다.

그러나 아주 단순하게 일반적인 수준에서, 모든 사람이 다양한 의식 상태를 경험한다. 그리고 그런 의식 상태로 말미암아 심오한 동기를 부여받고, 의미를 알아차리며, 돌진하게 되는 경우가 종종 있다. 번쩍하는 창조적인 통찰이 올 때 "아하!" 하고 알아차리는 여러 체험을 생각해보

자. 문제를 해결해야겠다는 강렬한 욕구가 있을 때마다 그 차원에 접촉할 수 있다면 어떻겠는가? 어떤 상황에서는 의식 상태가 그렇게 중요한 요소가 아닐 수도 있고, 다른 상황에서는 결정적인 요소일 수도 있다. 그러나 통합적으로 접근하지 않는다면 어떤 상황에서의 의식 상태가 결정적인 요소인지 아닌지를 알아차리지 못하고 지나갈 수 있다. 하지만 IOS를 사용하면 어떤 상황에서든지 주관적인 실체인 의식 상태를 자동적으로 점검하고 알아차릴 수 있다. 이것은 '지도(이 경우에는 IOS 또는 통합지도)'가 거기에 있는지 상상도 못 했을 수 있는 영역을 어떻게 살펴볼 수 있도록 돕는지, 그리고 어떻게 그 영역을 항해할 수 있도록 도와주는지를 보여주는 하나의 예이다.


## 발달의 단계Stages 또는 수준Levels

의식 상태와 관련해서 흥미로운 점은, 어떤 의식 상태이든지 왔다가 간다는 것이다. 대단한 절정체험 또는 변성의식 상태가 아무리 심오할지라도 그런 상태는 잠시 머물다 사라진다. 그런 의식 상태가 아무리 놀라운 가능성을 지니고 있을지라도 일시적이다.

의식의 상태state는 일시적이지만 **의식의 단계stage**는 영속적이다. 단계는 성장과 발달의 구체적인 이정표이다. 일단 어떤 단계에 도달하면 그 단계의 특성을 잃지 않는다. 예를 들어 어린 아이가 언어 발달 단계

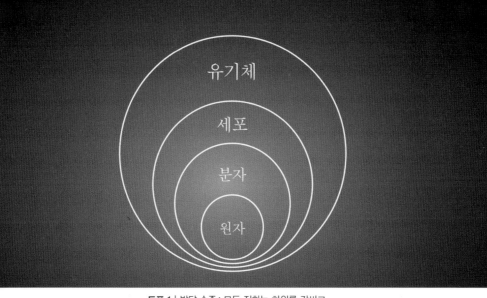

**도표 1** | 발달 수준 : 모든 진화는 하위를 감싸고
상위로 전개되며 '포괄적envelopment'이다.

를 통과했다면, 그 아이는 언어에 접근하는 변하지 않는 통로를 지니게
된다. 언어는 한순간 나타났다가 다음 순간 사라지는 절정체험이 아니
다. 같은 일이 다른 종류의 성장에도 나타난다. 성장과 발달의 어떤 단
계에 확실히 도달했다면 그 단계의 특성에 언제라도 접근할 수 있다.
보다 더 확장된 의식, 보다 더 포괄적인 사랑, 고상한 윤리적 소명, 탁월
한 지성과 자각 등에 도달했다면 원할 때는 언제라도 그런 상태에 접근
할 수 있다. **일시적인 의식 상태**가 **영속적인 특성**이 되는 것이다.

　얼마나 많은 발달 단계가 있을까? 지도를 생각해보자. 어떤 지도라

도 지역의 경계선을 긋는 것은 어느 정도 자의적이다. 예를 들어 물이 어는 온도부터 끓는 온도 사이에 몇 도가 있는가? 섭씨 온도계 또는 섭씨 '지도'를 사용하면 어는점과 끓는점 사이에 100도가 있다. 하지만 화씨 온도계를 사용하면 32도에서 얼고 212도에서 끓는다. 따라서 그 사이에 180도가 있다. 어느 것이 맞는가? 둘 다 맞다. 이것은 단지 파이를 몇 조각으로 자를 것이냐 정도의 문제일 뿐이다.

발달 단계를 나누는 경우도 마찬가지이다. 발달 단계를 나누는 **수많은 방식**이 있으며 모든 방식이 유용할 수 있다. 예를 들어 요가철학의 차크라 시스템은 의식 수준 또는 단계를 7로 나눈다. 유명한 인류학자 장 겝서Jean Gebser는 5단계(태곳적·마법적·신화적·합리적·통합적 단계)로 나눈다. 서구 심리학 모델 중에는 8, 12, 또는 그 이상의 발달 단계를 제시하는 경우도 있다. 어느 것이 맞는가? 모두 다 맞다. 성장과 발달 단계를 어떤 진로를 따라 추적하느냐에 달린 문제일 뿐이다.

**발달 단계**stages는 **발달 수준**levels과 관련이 있는데, 각 단계는 저마다 다른 조직화 수준 또는 복잡성 수준을 보인다. 예를 들어 원자에서 분자로, 분자에서 세포로, 세포에서 유기체에 이르는 진화 단계를 보면 단계가 진행될수록 복잡화 수준이 증대된다. '수준'이라는 말은 무엇을 판단하고 배제하는 양식이 아니라, 양자 도약이 일어나는 것처럼 각 수준에서 그 수준의 독특한 '특성이 발현'한다는 뜻이다. 발달 과정에서의 이런 도약이나 수준의 전개는 여러 자연 현상에서 볼 수 있는 중요한 양상이다.

우리는 단계들이 지니고 있는 흐름의 성격을 강조하기 위해서 그것들을 자주 **물결**waves에 비유한다. 발달 단계 또는 발달 물결은 IOS를 구성하는 중요한 요소이다. 우리는 통합모델에서 일반적으로 대개 8이나 10개의 수준, 단계 또는 의식 진화의 물결을 상정한다. 여러 해 동안 현장에서 확인해본 결과, 이보다 많으면 성가시고 이보다 적으면 모호해진다는 것을 알게 되었다. 단계에 대한 어떤 용어나 개념은 제인 뢰빙거Jane Loevinger와 주자네 쿡-그로이터Susanne Cook-Greuter가 개척한 '자아발달self development' 단계, 돈 백Don Beck과 크리스토퍼 카우언Christopher Cowan이 제시한 '스파이럴 다이내믹스Spiral Dynamics', 그리고 로버트 키건Robert Kegan의 연구 결과인 '의식의 질서orders of consciousness'에서 채용한 경우가 많다. 하지만 이밖에도 통합적인 접근에 이용할 수 있는 다른 단계 개념들도 많다. 여러분은 각자의 상황에 맞는 어떤 용어나 개념이라도 채용할 수 있을 것이다.

이 책에서 앞으로 특정한 주제들을 다루어 나감에 따라서, 단계stages 개념이 얼마나 중요한지 알게 될 것이다. 여기서는 단계 개념에 무엇이 포함되어 있는지를 보여주는 간단한 예를 들어보도록 하겠다.


## 자기중심적, 민족중심적, 그리고 세계중심적

수준이나 단계가 무엇인지를 파악하기 위해서, 3가지 단계만 포함되어 있는 아주 단순한 모델을 사용해보자. 예를 들어 도덕성 발달과 관련해서 보자면, 막 태어난 갓난아이는 아직 문화적인 윤리나 관습으로 사회화되지 않은 상태에 있다. 이 상태를 **전前관습 단계**라고 한다. 갓난아이의 의식은 거의 자기에게 몰두된 상태이기 때문에, 이 단계를 **자기중심적**egocentric이라고 부르기도 한다. 그러나 자라면서 문화적인 관례나 규범을 배우면서 점차 도덕적인 관습 단계로 진입한다. 이 단계를 **민족중심적**ethnocentric이라고 부르기도 한다. 자기가 속한 그룹, 종족, 민족 등이 중심이 되고, 자신의 그룹에 포함되지 않는 것은 배척하는 경향이 있기 때문이다. 그러나 도덕 발달 과정은 여기서 끝나지 않는다. 다음 단계인 **탈脫관습 단계**가 있다. 이 단계에서는 개인의 정체성이 다시 한 번 확장해서 종족, 피부색, 성별, 신앙 등을 구별하지 않고 모든 사람에게 관심을 기울이며 보살피게 된다. 그래서 이 단계를 **세계중심적**worldcentric이라고 부른다.

도덕성 발달 단계는 이렇게 '나(자기중심적)'에서 '우리(민족중심적)', 그리고 '우리 모두(세계중심적)'로 나아가는 경향이 있다. 이것은 의식의 물결이 전개되는 좋은 예이다.

3단계를 묘사하는 또 다른 방식은 **몸**body과 **마음**mind과 **영**spirit으로 나누어 보는 것이다. 이 3가지 단어에는 여러 가지 다른, 나름대로 타당한 의미가 있다. 하지만 단계를 일컫기 위해서 쓸 때는 다음과 같은 뜻이다.

**1단계:** 거친 물질적인 실체의 지배를 받는 '몸' 단계이다. 여기서 몸

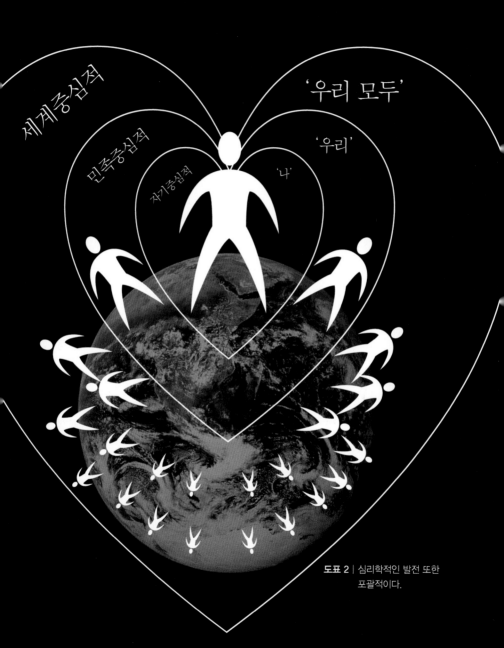

세계중심적

'우리 모두'

민족중심적

'우리'

자기중심적

'나'

**도표 2** | 심리학적인 발전 또한 포괄적이다.

이란 말 그대로 물질로 이루어진 몸을 말한다. 이 단계에서는 다른 것과 분리되어 있는 육체적인 유기체를 자신과 동일시하며, 육체의 생존을 위해 애쓴다. '나' 또는 '자기' 중심적 단계라고도 한다.

**2단계:** '마음' 단계이다. 고립되어 있는 거친 몸에서 자기의 정체성이 다른 사람들과 관계를 맺는 상태로 확장한다. 이 단계에서는 다른 사람들과 가치관, 상호 관심사, 공통의 이상이나 꿈 등을 나누게 된다. 마음을 사용해서 다른 사람의 역할을 떠맡을 수 있고, 다시 말해 마음으로 다른 사람의 입장이 되어서 그들이 느끼는 것처럼 느끼는 데까지 정체성이 확장된다. 자신의 정체성이 '나'에서 '우리'로(자기중심적에서 민족중심적으로) 확장되는 단계이다.

**3단계:** 자신의 정체성이 '우리'에서 '우리 모두'로(민족중심적에서 세계중심적으로) 다시 한 번 확장한다. 여기서는 인간과 문화가 놀라울 정도로 다양하다는 사실뿐만 아니라, 유사성과 공통점도 이해하기 시작한다. 모든 존재의 유익을 구하는 이 단계는 민족중심적인 상태에서 세계중심적인 상태로 발전한 것이며, 영적인 것이 모든 생명체의 공통분모이기 때문에 '영적spiritual'인 단계라고 한다.

이것은 몸에서 마음을 거쳐 영으로 전개되는 과정을 보는 하나의 방식이다. 여기서 몸, 마음, 영은 각각 관심과 의식이 자기중심적인 상태에서 민족중심적인 상태를 거쳐 세계중심적인 상태로 전개되는 단계, 물결, 또는 수준으로 간주된다.

우리는 앞으로 발달과 진화 단계를 여러 차례 다룰 것인데, 그때마다 새로운 각도에서 탐색해볼 것이다. 여기서는 '단계stages'라는 말이 점 진적인 과정과 관련이 있으며, 여러분 자신이 펼쳐지는 진화 과정에서 영속하는 이정표가 된다는 사실만 이해하면 된다. 우리가 의식의 단계, 에너지의 단계, 문화의 단계, 영적인 깨달음의 단계, 도덕성 발달 단계 등 어떤 식으로든지 단계를 말할 때는 여러분의 높고, 깊고, 넓은 잠재 된 가능성이 전개되는 중요하고 근본적인 사다리를 말하는 것이다.

여러분은 IOS를 사용할 때마다, 어떤 상황에서든지 자신이 **어떤 단 계**에 있는지를 자동적으로 점검하고 알아차릴 수 있다. 그렇게 되면 개 인적인 변형이든지, 사회적인 변화이든지, 사업의 성공이든지, 다른 사 람을 돌보는 일이든지, 아니면 그저 단순히 삶의 만족을 위해서이든지 목적하는 바를 이룰 수 있는 가능성이 극적으로 증가할 것이다.


## 발달의 라인Lines : 이런 면은 좋은데, 다른 면은 별로다

우리의 여러 측면이 균등하게 발전하지 않는다는 말을 들어보았을 것이다. 논리적인 사고는 대단히 발달했지만 감정 차원의 발달은 아주 미숙한 사람이 있는가 하면, 인지력은 날카로울 정도로 발달했지만 도 덕성은 비열하고 잔인할 정도로 저급한 사람도 있다. 또 정서적 지능은 대단히 뛰어나지만 2 더하기 2도 계산하지 못하는 사람도 있다.

하워드 가드너Howard Gardner는 '다중지능multiple intelligences'이라는 개념으로 이런 현상을 아주 잘 설명했다. 인간은 인식cognitive 지능, 정서적emotional 지능, 음악적musical 지능, 운동감각kinesthetic 지능 등 다양한 지능을 소유하고 있다. 많은 사람이 한두 가지 면에서는 뛰어나지만 다른 면의 지능은 빈약하다. 이것이 꼭 잘못된 것이라는 말이 아니다. 우리는 우리가 뛰어난 영역에서 완전한 지혜의 일부를 발견할 수 있으며, 그 영역에서 우리의 재능을 세상을 위해 사용할 수 있다.

그러나 우리는 우리의 약점(빈약하거나 병리적인 증상을 보이는 부분) 뿐만 아니라 장점(우리가 빛을 발휘할 수 있는 지능)도 자각할 필요가 있다. 그러면 다섯 가지 근본 요소 가운데 발달 라인 또는 다중지능을 다룰 수 있게 된다. **단계**와 **상태**에 대해서는 앞에서 살펴보았다. 그렇다면 **라인**Lines 또는 다중지능이란 무엇일까?

인지 지능, 대인관계 지능, 도덕적 지능, 정서적 지능, 심미적 지능 등 대단히 다양한 지능이 있다. 그런데 이런 것을 '**발달 라인**'이라고 부르는 이유는, 이들 각 지능이 저마다의 성장과 발달 정도를 지니고 있기 때문이다. 이들은 점진적인 단계를 거치면서 전개된다. 점진적인 단계에 대해서는 앞에서 간략히 언급한 바 있다.

달리 말하자면 다중지능을 구성하는 각 지능(지성)은 중요한 3단계를 거치면서 성장하거나 성장할 수 있다(또는 3단계이든, 5단계이든, 7단계이든 또는 그 이상이든, 어떤 발달 모델에서 제시하는 단계들을 거치면서 성장한다. 몇 단계로 구분할 것인가는 온도를 섭씨로 잴 것이냐 화씨로 잴 것이

냐와 비슷한 문제이다). 예를 들어 여러분은 1단계, 2단계, 3단계의 인식 발달 단계를 거칠 수 있다.

다른 지능들도 마찬가지이다. 정서 발달의 1단계는 '나'에게 집중된 감정, 특히 배고픔이나 생존이나 자기 방어와 관련된 감정과 충동이 계발되는 단계이다. 정서적인 성장이 1단계에서 2단계로 진행되면, 달리 말해 자기중심적인 상태에서 민족중심적인 상태로 넘어가면 '나'에서 '우리'로 초점이 바뀌면서 사랑하는 사람들, 가족, 친한 친구, 또는 자기가 속한 종족이나 민족에 대한 정서적인 참여와 집착이 생긴다. 만약 정서 발달이 3단계로 진입해 들어간다면 종족과 민족을 초월하여 모든 사람에게 연민을 품고 그들을 돌보고자 하는 감정 능력이 계발될 것이다. 모든 인류, 심지어 모든 생명체를 불쌍히 여기는 세계중심적인 상태가 될 것이다.

단계는 한번 도달하면 영구성을 지닌다는 것을 기억할 필요가 있다. 어떤 단계에 도달하기 전까지는 일시적으로 그 단계에 접속하여 짧은 시간 동안 그 단계의 상태를 경험하거나 아니면 전혀 경험할 수 없다. 순간적으로 의식과 존재의 확장이 일어나는 절정체험, "아하!" 하고 깨닫는 놀라운 체험은 자신의 더 높은 가능성을 순간적으로 깊이 감지하게 한다. 하지만 훈련practice을 통해서 이런 상태state를 영속적인 경향인 단계stage로 바꿀 수 있다.

## 통합적 사이코그래프

다중지능 또는 다양한 라인을 표시하는 방법은 아주 간단하다. 〈도표 3〉은 발달의 3단계(또는 발달 **수준**)와 가장 중요한 5가지 지능(또는 발달 **라인**)을 보여주는 간단한 그래프이다. **여러 라인들이 주요한 단계 또는 발달 수준을 통과하면서 전개된다.** 3수준 또는 3단계는 어떤 발달 라인에도 적용할 수 있다. 성에 관련된 심리, 인지 능력, 영성, 도덕성 등 어디에나 적용할 수 있다. 어떤 특정한 라인의 수준은 그 라인의 성숙도와 그 라인과 관련된 의식의 '높이(고도)'를 보여준다. 사람들이 "저 사람은 도덕성이 상당히 발달해 있다"거나 "저 사람은 진정으로 영적으로 진보한 사람이다"라고 말하는 이유이다.

〈도표 3〉은 당사자가 인지 능력이 상당히 뛰어나고, 대인관계 능력은 꽤 발달했으나, 도덕성 발달이 뒤처지고, 정서적 지능과 성性심리는 발

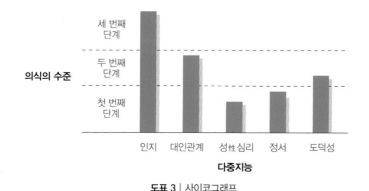

**도표 3** | 사이코그래프

달이 상당히 더딘 사람임을 보여준다. 물론 다른 사람의 '사이코그래프 psychograph'는 이와 다를 것이다.

**사이코그래프**는 여러분의 가장 큰 잠재력이 어디에 있는지를 발견하는 데 도움을 준다. 여러분은 이미 여러분의 어느 부분이 뛰어나고 어느 부분이 그렇지 못한지를 알고 있을 것이다. 그러나 통합적인 접근에는 여러분이 이미 알고 있는 그 윤곽을 훨씬 세밀하게 다듬는 과정이 포함되어 있으며, 그 과정을 통해서 다른 사람들의 장단점은 물론이고 여러분 자신의 장단점을 보다 더 확실하게 다룰 수 있게 된다.

사이코그래프는 또한 모든 사람이 모든 부분에서 균등하게 발달하지 않는다는 것을 알게 해준다. 이것은 여러분이 어느 한 부분에서 뛰어나고 해서 다른 부분도 모두 뛰어난 것은 아니라는 것을 아는 데 도움이 된다. 실제로는 그 반대인 경우가 보통이다. 이런 단순한 진리에 대한 이해 부족으로 말미암아 심각하게 비난을 받고 파멸한 지도자, 영적인 스승, 정치가들이 한둘이 아니다.

'통합적으로 발달'한다는 것은 모든 영역의 지능이 뛰어나게 된다는, 또는 모든 발달 라인이 3단계가 된다는 뜻이 아니라, 여러분 자신의 사이코그래프를 있는 그대로 잘 이해함으로써 보다 더 통합적인 자기 이미지를 갖고 미래의 발달을 계획할 수 있게 됨을 의미한다. 어떤 사람들은 이를 통해서 너무 취약해서 늘 문제가 되는 어떤 영역의 지능을 강화할 수 있을 것이다. 또 어떤 사람들은 어떤 라인(이를테면 성심리와 같은)이 지니고 있는 심각한 문제나 병리적 증상을 치유할 수 있을 것이다. 그리고 또 어떤 사람들은 단순히 자신의 강점과 약점이 어디에 있는지를 인지하고 그에 어울리는 계획을 세울 수 있을 것이다. 어쨌든 통합지도를 통해서 우리는 자신의 성격특성을 보다 더 확실하게 볼 수 있을 것이다.

그러므로 **통합적인 앎을 얻기** 위해서는 모든 발달 라인을 마스터해야 하는 것이 아니라, 각 라인의 상태를 자각하기만 하면 된다. 여러분이 어떤 불균형을 치료하기로 선택한다면, 이것은 '통합적인 삶을 위한 훈련(ILP: Integral Life Practice, 또는 통합생활수련)'의 일부인데, 대단히 효과적인 '영적인 영역교차적 훈련'을 통해서 의식 수준과 발달 수준을 증진시키는 데 실제로 도움을 받을 수 있을 것이다(ILP에 대해서는 6장에서 자세히 다룰 것이다).

여기서 주목해야 할 매우 중요한 점이 있다. 어떤 형태의 심리적인 훈련이나 영적인 훈련은 처음부터 절정체험, 명상 상태, 샤먼적인 비전, 변성의식 상태 같은 의식과 육체 **상태states**의 모든 스펙트럼을 경험할 수 있도록 이끈다. 이런 체험이 가능한 이유는 주요 의식 상태(이를테면 깨어 있는-거친 상태, 꿈꾸는-정묘한 상태, 형태가 없는-원인적인 상태와 같은)의 대부분이 늘 현존하고 있기 때문이다. 그래서 아주 빠른 시간 안에 의식의 여러 **상위 상태**를 경험할 수 있게 되는 것이다.

그러나 훈련과 실제적인 성장이 없이는 **상위 단계**의 특성을 자기 것으로 만들지 못한다. 미묘한 내면의 빛을 본다거나, 모든 존재와 하나라는 느낌을 갖는 등의 상위 상태를 체험하는 절정체험을 할 수는 있다.

대부분의 의식 상태가 늘 현존하고 있기 때문이다. 하지만 그 단계에 도달하지 못한 상태에서 경험하는 그런 상태는 '일시적인' 체험에 지나지 않는다. (협주자 수준의 피아니스트처럼) 일시적으로 그 **상태**를 경험할 수는 있지만 지속적으로 그 '단계'의 절정체험은 가질 수 없다. 단계의 상승은 상당한 시간을 거치면서 순차적으로 일어나기 때문이다. 이전 단계가 확고해진 다음에 그 위에 다음 단계가 세워진다. 따라서 원자에서 분자로, 분자에서 세포로, 세포에서 유기체로 전개되는 과정에서 분자를 건너뛰어 원자에서 곧바로 세포로 갈 수 없는 것처럼 어떤 단계도 건너뛸 수 없다. 이것이 '상태'와 '단계'의 여러 중요한 차이 가운데 하나이다.

하지만 상위 상태에 접촉하는 훈련을 반복함으로써 발달 단계의 전개가 매우 빠르고 쉽게 진행되는 경향이 있다. 실제로 체험한 수많은 증거가 있다. 명상 상태와 같은 진정한 상위 의식 상태에 들어가는 횟수가 잦아질수록 어떤 하위 의식 상태이든지 그 상태를 통과해서 성장하는 속도가 빨라질 것이다. 상위 상태 훈련은 나선 형태로 발달해나가는 과정에서 윤활유 역할을 하는 것처럼 보인다. 이 훈련은 자신을 하위 단계와 동일시하는 것을 멈추게 함으로써 다음 단계가 출현할 수 있도록 도움을 준다. 이 훈련을 계속해서 의식이 상위 수준에 지속적으로 머물 수 있으면, 지나간 상태들이 영속적인 경향으로 바뀐다. 예를 들면 명상과 같은 형태의 상위 의식 훈련은 변형을 위한 통합적인 접근의 한 부분이다.

간단히 말해, 여러분은 **어떤 단계도 건너뛸 수 없다.** 여러분은 명상 같은 다양한 형태의 상위 의식 훈련을 통해서 성장을 가속할 수 있다. 변형을 위한 이런 훈련들은 통합적인 접근에서 중요한 자리를 차지하고 있다.

## 어떤 타입인가: 소년 또는 소녀?

'여러분을 보여주는 포괄적인 지도'를 구성하는 다음 요소는 쉽다. 앞에서 다룬 각 구성요소들은 남성 타입과 여성 타입을 지니고 있다.

**타입(유형)**Types이란 실질적으로 모든 단계나 모든 상태에 존재할 수 있는 항목이다. MBTI Myers-Briggs Type Indicator는 아주 일반적인 유형론 typology 중 하나로, 크게 감정·사고·감각·직관이라는 타입으로 구분한다. **실제로 여러분이 발달의 어떤 단계에 있더라도 이 타입들 중에 어떤 타입을 지닐 수 있다.** 이런 종류의 '수평적인 유형들'은 대단히 유용할 수 있다. 특히 수준, 라인, 상태와 결합하면 더욱 쓸모가 있다. 타입에 어떤 의미가 있는지를 살펴보기 위해서, 타입의 한 예로 '남성 타입'과 '여성 타입'을 사용할 수 있다.

캐럴 길리건Carol Gilligan은 영향력이 상당히 큰 책《다른 목소리로In a Different Voice》에서 남녀 모두 3단계나 4단계의 중요한 도덕성 발달 단계를 거치는 경향이 있다고 했다. 대단히 많은 조사 결과를 제시하면서, 길리건은 3단계나 4단계의 도덕성 발달 단계를 전前관습적, 관습적, 탈脫관습적, 그리고 통합적 단계라고 이름 붙였다. 이것은 우리가 사용하는 단순한 3단계의 발달 단계와 실제로 아주 비슷하다. 길리건은 그 것을 도덕 지능에 적용한 것이다.

길리건은 1단계의 도덕성은 전적으로 '나' 중심적임을 발견했다(그래서 이 전前관습적인 단계 또는 전前관습적인 수준을 **자기중심적**이라고도 부른다). 도덕성 발달의 2단계는 '우리' 중심적이다. 그래서 나의 정체성이 '나'에서 내가 속한 그룹의 다른 사람들에게로 확장된다(그래서 이 관습적인 단계를 가끔 **민족중심적**, 전통적, 또는 체제 순응적이라고 부른다). 도덕성 발달의 3단계에서는 자신의 정체성이 '우리'에서 '우리 모두' 또는 모든 인간(또는 모든 생명체까지)으로 다시 한 번 확장된다. 그래서 이 단계를 **세계중심적**이라고 부르는 경우가 자주 있다. 이 단계에 이르면 돌봄과 관심의 대상이 나(자기중심적)와 나의 가족, 나의 종족, 나의 민족

(민족중심적)에 국한되는 것이 아니라 종족, 피부색, 성별, 종교를 구별하지 않고 모든 인류로 확장된다(세계중심적). 그리고 여기서 더 나아가면 도덕성 발달의 4단계에 이르는데, 길리건은 그 단계를 '통합적 단계'라고 부른다.

자, 그러면 길리건이 제시한 중요한 결론을 살펴보기 전에 그의 중요한 공헌을 먼저 이야기해보자. 길리건은 남자와 마찬가지로 여자도 3이나 4의 중요한 위계적 성장 단계를 순차적으로 거치면서 발달한다고 강하게 주장한다. 길리건은 단계가 상승할수록 돌봄과 관심의 용량이 확장되기 때문에 이들 단계를 '**위계적**hierarchical'이라고 정확하게 언급했다.

하지만 길리건은 여자의 단계적인 도덕성 발달은 남자와는 다른 논리 곧 '다른 목소리'를 따라 진행된다고 말한다.

남성 논리 또는 남자의 목소리는 자율, 정의, 권리라는 개념에 바탕을 두고 있는 경향이 있는 반면에, 여자의 논리 또는 여자의 목소리는 관계, 관심, 책임이라는 개념에 바탕을 두고 있는 경향이 있다는 것이다.

남자는 행동을 지향하는 경향이 있으며, 여자는 교류를 지향한다. 남자는 규칙에 따르려고 하고, 여자는 연결을 맺으려고 한다. 남자는 보고, 여자는 만진다. 남자는 개인주의를 지향하고, 여자는 관계를 지향한다. 이에 대해서 길리건이 좋아하는 이야기가 있다. 남자 아이와 여자 아이가 놀고 있다. 남자 아이가 말한다. "우리 해적놀이 하자!" 여자 아이가 말한다. "우리 서로 이웃집에 사는 사람이라고 하고 사이좋게 놀자." "싫어, 나는 해적놀이 하고 싶어!" 그러자 여자 아이가 말한다. "좋아, 그럼 네가 이웃집에 사는 해적이라고 하고 놀자."

남자 아이들은 야구시합 같은 놀이를 할 때 주위에 여자 아이들이 있는 것을 좋아하지 않는다. 두 목소리가 시끄럽게 충돌하기 때문이다. 남자 아이는 야구시합을 하다 삼진아웃 당하면 울기 시작한다. 다른 아이들은 그 아이가 울음을 그칠 때까지 움직이지 않고 서 있다. 무엇보다도 남자 아이들에게 규칙은 규칙인 것이다. 3번 스트라이크를 당하면 아웃되는 것이 규칙이다. 길리건은 그때 여자 아이가 옆에 있다면 보통 이렇게 말할 것이라고 한다. "아아, 걔 한 번 더 치게 해줘!" 여자 아이는 울고 있는 남자 아이를 보고 그를 돕고 싶어 한다. 그와 연결되고 싶어 하며, 그를 치료해주고 싶어 한다. 여자 아이의 이런 태도는 야구시합을 통해 규칙과 남성 논리의 세계를 경험하고 싶어 하는 남자 아이들을 화나게 만든다. 길리건은 남자 아이들은 규칙을 지키기 위해서 감정에 상처를 받을 것이고, 여자 아이들은 감정에 충실하기 위해서 규칙을 깰 것이라고 말한다.

여자 아이와 남자 아이는 모두 3~4단계의 도덕성 발달 단계(자기중심적, 민족중심적, 세계중심적, 통합적)를 거칠 것이다. 하지만 발달 과정은 서로 다른 목소리, 서로 다른 논리에 따라 진행될 것이다. 길리건은 여자가 거치는 도덕성 발달의 위계적인 단계를 **이기적**(이것이 '자기중심적'이다), **관심과 돌봄**(이것이 '민족중심적'이다), **보편적인 관심과 돌봄**(이것이 '세계중심적'이다), 그리고 통합적이라고 특정하여 부른다. 그런데

커듀시어스

길리건은 발달 단계를 왜 위계적이라고 했을까? 이 점이 그녀가 가장 많은 오해를 받고 있는 부분이지만, 어쨌든 그는 단계가 상승할수록 관심과 돌봄의 역량이 증대되기 때문에 위계적이라고 한 것이다(모든 위계질서가 나쁜 것은 아니다. 그리고 길리건이 제시한 견해는 왜 모든 위계질서가 나쁜 것이 아닌지를 보여주는 좋은 예라고 할 수 있다).

그러면 통합적인 단계 또는 제4단계는 무엇인가? 길리건에 따르면, 도덕성 발달의 가장 높은 물결인 4번째 단계에서는 누구에게나 있는 남성의 목소리와 여성의 목소리가 통합을 향해 나아가는 경향이 있다. 이 말은 이 단계에 도달한 사람이 남성과 여성의 각각 차별되는 특성을 잃어버리고 자웅동체나 무성無性적인 덤덤한 존재가 된다는 뜻은 아니다. 실제로는 그 반대로 남성적인 특질과 여성적인 특질이 더 강화된다. 하지만 이 단계에 도달하면 때에 따라서 남성적인 특질을, 또 때에 따라서는 여성적인 특질을 더 강하게 나타낼지라도, 자신 안에 있는 남성적인 양상과 여성적인 양상이 싸우지 않고 친구가 되기 시작한다.

여러분은 의술의 상징으로 쓰이는 커듀시어스caduceus 그림을 본 적이 있을 것이다. 두 마리 뱀이 교차하면서 지팡이를 감고 올라가는 모양인데, 지팡이 꼭대기에는 날개가 있다. 지팡이는 상체 중앙의 척추를 묘사한 것이고, 뱀이 교차하면서 지팡이를 감고 올라가는 모습은 생명 에너지가 척추를 따라서 가장 낮은 차크라부터 가장 높은 차크라로 올라가는 것을 묘사한 것이다. 각 차크라에서 교차하고 있는 두 마리 뱀은 **모든 차크라에 존재하는** 태양 에너지와 달 에너지(또는 남성 에너지와 여성 에너지)를 상징한다.

이것은 대단히 중요하다. 7개의 차크라는 3수준 또는 3단계를 좀 더 자세하게 구분한 것인데, 의식과 에너지의 7수준을 모든 인간이 이용할 수 있음을 보여준다(음식과 관련된 1번째 차크라, 섹스와 관련된 2번째 차크라, 파워와 관련된 3번째 차크라가 대충 1단계에 해당한다. 이성적인 마음과 관련된 4번째 차크라, 관계와 의사소통과 관련된 5번째 차크라는 2단계에 해당한다. 심령적인 6번째 차크라와, 영적인 7번째 차크라는 3단계에 해당한다). 여기서 중요한 점은, 전통적인 견해에 따르면 **7수준은 각자 자신의 남성적인 양태와 여성적인 양태(양상, 타입, 또는 '목소리')를 가지고 있다**는 것이다. 남성성과 여성성은 어떤 것이 더 우월하지도 않고 어떤 것이 더 좋은 것도 아니다. 이 둘은 의식의 모든 수준에 내재되어 있는 동등한 두 타입이다.

예를 들자면, 3번째 차크라(자기중심적인 파워 차크라)에 해당하는 남성 양상이 있고 여성 양상이 있다. 이 차크라 수준에서 남자는 파워를 자율적으로("내 식대로, 당당하게!") 발휘하려 할 것이고, 여자는 상호관계 속에서 또는 사회적으로("이렇게 하자"거나 또는 "너와는 다시 이야기를 하지 않을 거야"라는 식으로) 파워를 발휘하려고 할 것이다. 다른 차크라도 마찬가지이다. 모든 차크라가 태양 에너지와 달 에너지, 또는 남성적인 특질과 여성적인 특질을 지니고 있다. 어떤 것이 더 중요하지도 않고, 어떤 것도 무시할 수 없다.

그러나 7번째 차크라에서 남성과 여성을 상징하는 두 마리 뱀이 근원으로 사라지는 것에 주목할 필요가 있다. 남성과 여성은 꼭대기에서 만나 하나로 결합한다. 말 그대로 하나가 되는 것이다. 이것이 길리건이 자신이 제시한 도덕성 발달의 제4단계에서 발견한 것이다. 거기에서 모든 사람 속에 내재되어 있는 두 목소리가 통합되어 자율과 관계, 권리와 책임, 행동과 교류, 지혜와 동정심, 정의와 자비, 남성성과 여성성이 역설적인 결합을 하는 것이다.

중요한 점은 IOS를 사용할 때마다 여러분은 어떤 상황이든지(여러분 자신의 상황이든지, 다른 사람의 상황이든지, 어떤 조직이나 문화의 상황이든지) 그 상황을 자동으로 점검하고, 그 안에 내재된 남성적인 타입과 여성적인 타입을 명확하게 인식함으로써 보다 포괄적인 시야를 확보

할 수 있다는 것이다. 만약 여러분이 남성과 여성 사이에 뚜렷한 차이가 없다고 믿든지 또는 그 차이에 대해서 회의적이어도 괜찮다. 여러분이 원한다면 남성과 여성을 똑같다고 간주할 수도 있다. 우리가 여기서 말하고자 하는 것은 여러분이 남성과 여성을 어떻게 보든지 상관없이, IOS를 사용하면 남성과 여성의 근본에 확실하게 접촉할 수 있다는 것이다.

포괄적인 IOS에 편입시킬 때 큰 도움이 될 수 있는 다른 '수평적인 타입들'이 많다(MBTI, 에니어그램 등). 통합적인 접근에는 어떠한 또는 모든 유형론을 접목시킬 수 있다. '타입Types'은 4분면, 수준, 라인, 상태만큼이나 중요하다.


## 건강하지 못한 소년, 건강하지 못한 소녀

타입과 관련된 흥미로운 사실이 있다. 여러분은 건강한 버전의 타입과 건강하지 못한 버전의 타입을 지닐 수 있다는 것이다. 이렇게 말하는 것은 어떤 사람이 건강하지 못한 타입을 지니고 있다고 함으로써 그 사람을 판단하는 도구로 쓰자는 것이 아니라, 그 사람을 좀 더 명확하게 이해하여 보다 효과적으로 교류할 방법을 찾자는 뜻이다.

예를 들어, 발달의 각 단계마다 남성적인 차원과 여성적인 차원이 있는데, 그것이 건강할 수도 있고 건강하지 못할 수도 있다. 우리는 남성

"카디아, 내가 당신을 위한 정확한 치료법과 약을 알고 있어.
내가 당신과 결혼하면 될 거야."

과 여성 차원이 건강하지 못할 경우 '병에 걸린 남자 아이, 병에 걸린
여자 아이'라고 부르기도 한다. 이것은 수평적인 타입을 단순히 다르게
구별하는 것이지만, 대단히 유용할 수 있다.

건강한 남성 원리는 자율, 힘, 독립심, 그리고 자유를 지향한다. 이 원
리가 건강치 못하거나 병리적인 증상을 보일 때는 이런 긍정적인 면이
모두 부정적인 상태로 변한다. 자율성이 소외로, 힘을 발휘하려는 의지

가 지배하려는 의지로, 독립심이 관계와 책임에 대한 병적인 두려움으로, 자유를 지향하는 충동이 파괴충동으로 변한다. 건강치 못한 남성 원리는 자유를 향해 초월하지 못하고 두려움의 지배를 받는다.

여성 원리가 건강하면 유연하게 흐르며, 관계, 관심과 돌봄, 그리고 동정심을 지향한다. 하지만 건강하지 못한 여성 원리는 이 모든 면에서 버둥거리게 된다. 관계를 맺는 대신 관계 속에 함몰되고, 건강한 자아 정체성을 유지하면서 교류하는 대신 자신이 맺고 있는 관계의 지배를 받는다. 연결을 맺는 것이 아니라 뒤섞이며, 유연하게 흐르는 대신 공황상태에 빠지고, 친교를 하는 것이 아니라 용해되어 버린다. 건강치 못한 여성 원리는 온전한 관계를 맺지 못하고 뒤범벅이 된 상태에서 혼란을 겪는다.

IOS를 사용함으로써 여러분 자신의 남성 차원과 여성 차원, 그리고 다른 사람들의 남성 차원과 여성 차원이 건강하게 작동하는지 아닌지를 알 수 있을 것이다. 그러나 이 단락에서 중요한 점은 아주 단순하다. 다양한 여러 유형론이 우리 자신과 다른 사람들을 이해하고 교류하는 데 도움이 된다는 것이다. 모든 유형론이 어떤 타입의 건강한 버전과 건강치 못한 버전을 상정하고 있다. 건강치 못한 타입을 지적하는 것은 그것으로 당사자를 판단하자는 것이 아니라, 그를 더 잘 이해하고 효과적으로 교류하는 길을 찾자는 뜻이다.

## 모든 의식 상태는 저마다 자신의 몸을 가지고 있다

모든 사항을 종합해서 하나의 통합적인 결론을 내리기 전에, 마지막으로 의식의 상태states에 대해 다시 한 번 살펴보자.

의식 상태는 몸이 없이 허공을 떠다니는 것이 아니다. 오히려 그 반대로, 모든 의식 상태는 저마다 자신의 몸body을 가지고 있다. 모든 의식 상태는 느낌이 구체화된 활동적인 구성요소로 이루어진, 그 상태를 담을 수 있는 구체적인 운송수단을 갖는다.

지혜 전통에서 말하는 간단한 예를 생각해보자. 지혜 전통에 따르면 우리에게는 3가지 중요한 의식상태(깨어 있는 상태, 꿈꾸는 상태, 아무 형상이 없는 깊은 잠 상태)가 있으며, 각 의식 상태마다 그에 상응하는 몸이 있다고 한다. **밀도가 높은 몸gross body, 정묘한 몸subtle body, 원인이 되**

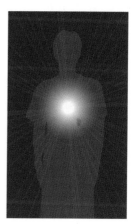

는 몸causal body이 그것이다.

"몸이 3개라고? 지금 당신 날 놀리는 거요? 몸은 하나로도 충분하지 않소?" 그러나 잠깐 몇 가지만 생각해보자. 지혜 전통에서 말하는 '몸'은 체험이나 활동적인 느낌의 양상을 일컫는 말이다. 체험에는 거친 체험 또는 둔한 체험이 있고, 정묘한 체험 또는 정제된 체험이 있으며, 매우 정묘한 체험 또는 원인이 되는 체험이 있다. 이것이 철학자들이 '현상학적 실재phenomenological realities' 또는 실재는 우리의 자각에 따라 드러난다고 말하는 것의 의미이다. 여러분은 지금 밀도가 높은 몸과 그 몸의 에너지, 정묘한 몸과 그 몸의 에너지, 그리고 원인이 되는 몸과 그 몸의 에너지에 접속할 수 있는 통로를 지니고 있다.

3가지 몸이 무엇인가? 예를 들어보자. 지금 여러분의 의식은 **깨어 있는 상태**에 있다. 그래서 여러분의 **밀도가 높은 몸**(육체적이고 물질적이며 감각에 반응하여 움직이는 몸)을 자각한다. 그러나 밤에 꿈을 꿀 때는 밀도가 높은 몸이 더 이상 존재하지 않는다. 그 몸은 마치 사라진 것 같다. 여러분의 의식은 꿈꾸는 상태에 있으며, 거칠고 밀도가 높은 몸과 물질을 자각하지 못하는 대신 빛, 에너지, 정서적인 느낌, 액체처럼 흐르는 이미지로 된 **정묘한 몸**이 존재한다. 꿈꾸는 상태에서 마음과 혼은 자기가 원하는 대로 창조하기 위해서 자유로워진다. 거의 마법적으로 거친 감각적인 실체에서 풀려나서 광대한 상상의 세계로 들어간다. 꿈꾸는 동안 다른 혼들과 접촉하며, 먼 곳을 여행한다. 마음의 욕구에 따라서 빛나는 여러 이미지들이 폭포처럼 흘러간다. 이렇게 꿈을 꿀 때

꿈속에서의 여러분의 몸은 어떤 종류의 몸인가? 그 몸은 느낌과 이미지와 빛으로 이루어진 **정묘한 몸**이다. 꿈을 꿀 때 여러분은 그런 몸을 느낀다. 꿈은 단지 '환영幻影'이 아니다. 마틴 루서 킹 목사 같은 사람이 "나에게는 꿈이 있습니다"라고 말할 때, 그것은 위대한 가능성이 잠재되어 있는 환상적인 꿈의 세계의 문을 두드리는 것이다. 정묘한 몸과 마음은 그 세계에서 숭고한 가능성을 향해 자유롭게 비상한다.

정묘한 몸으로 **꿈꾸는** 상태에서 깊은 잠 상태 또는 **형태가 없는 상태**로 들어가면 생각과 이미지마저 사라진다. 거기에는 오로지 광대한 공空만이 존재한다. 에고 또는 모든 개체적인 자아가 사라진, 형태가 없는 광활한 공간이 있을 뿐이다. 모든 위대한 지혜 전통은 완전히 비어 있는 무無 같은 이 의식 상태에서 실제로 거의 무한한 것처럼 보이는 광대한 무형無形의 영역, 거대한 공, 존재의 토대, 의식의 광활한 공간으로 들어간다고 가르친다. 이렇게 거의 무한한 의식 공간은 그에 상응하는 거의 무한한 몸 또는 거의 무한한 에너지인 **원인이 되는 몸**을 갖는다. 그 몸은 극도로 정묘하고, 지극히 미묘한 체험을 할 수 있으며, 거기서 모든 창조적인 가능성들이 솟아올라오는 거대한 형태 없음formlessness이다.

물론 누구나 그 깊은 상태를 이런 식으로 완전히 체험할 수 있는 것은 아니다. 그러나 모든 지혜 전통은 이 **형태 없는 상태**와 그 상태가 입고 있는 **원인이 되는 몸**을 완전히 자각할 수 있는 상태에 들어갈 수 있다는 데 이견이 없다. 그리고 그 상태에 들어가면 성장 가능성이 도출

되며 비상한 자각이 계발된다고 가르친다.

여기서도 요점은 간단하다. 우리가 IOS를 사용할 때마다, 그것은 우리의 3가지 의식 상태를 점검하도록 일깨워준다는 것이다. 우리는 IOS를 사용해서 우리의 깨어 있는 상태의 실체, 미묘한 상태의 꿈과 비전과 창의적인 아이디어, 그리고 창조성의 근원인 활짝 열려 있는 무형인 가능성의 토대를 점검할 수 있다. 통합적으로 접근함에 있어서 우리가 중요하게 여기는 것은, 될 수 있는 대로 잠재적인 가능성의 근거에 많이 접촉함으로써 가능한 해결책, 가능한 성장, 가능한 변형을 하나도 놓치지 않으려는 것이다.


## 의식과 복합성

3가지 몸이 아직 '저 멀리' 있는 것처럼 느껴지는가? 이 3가지 몸은 현상학적인 실재 또는 경험적 실재이기 때문에 그럴 수도 있다. 하지만 엄격한 과학에 기초해서 보다 간단하게 살펴볼 수 있는 방법이 있다. **모든 것은 내적인 의식 수준에 따라 그 수준에 상응하는 외적인 물질적 복합체complexity를 형성한다.** 의식이 확장될수록 외적인 복합체의 수준도 상승한다.

예를 들어, 살아 있는 유기체의 경우 **파충류의 뇌간**brain stem은 배고픔과 음식, 생리적인 감각, 감각반응적인 행동만을 처리한다(앞에서 '밀

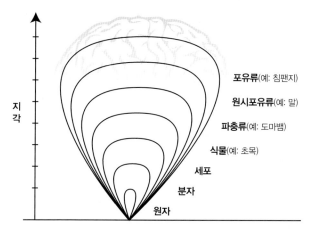

**도표 4 |** 복합성이 증가한다는 것은
의식이 확장된다는 뜻이다.

도가 높은', '나' 중심적이라고 부른 것들이다). 그보다 복합적인 **포유류의
대뇌변연계**limbic system는 파충류의 기본적인 감각을 포함하여 좀 더
다양한 느낌과 욕망과 감정적-성적 충동 등의 욕구를 일으킨다(우리가
미묘한 체험 또는 '정묘한 몸'이라고 일컫는 것이 시작되는 것이다. 여기서 '나'
에서 '우리'로 중심이 확장될 수 있다). 진화가 진행됨에 따라서 보다 더 복
합적인 육체적 구조가 나타난다. 포유류 뇌까지 진화한 **3중의 뇌**triune
brain에서 **대뇌신피질**neocortex이 발달하면서, 의식은 '우리 모두'라는
세계중심적인 자각으로 확장된다(우리가 '원인이 되는 몸'이라고 일컫는
차원의 문을 두드리기 시작하는 것이다).

이것은 내적인 의식이 확장되면 그 의식이 담기는 외적인 신체도 함께 복합성complexity이 증가됨을 보여주는 매우 단순한 예이다. 우리는 IOS를 사용하면서 내적인 의식 수준과 그에 상응하는 외적인 육체의 복합성을 함께 살펴보는 경우가 많다. 그렇게 할 때 훨씬 더 균형 잡힌 포괄적인 접근이 가능하기 때문이다.

이것이 정확하게 무엇을 의미하는지는 다음 장에서 살펴볼 것이다.

chapter

# 그리고 지금,
# 이 모든 것을 어떻게
# 꿰맞출 수 있을까?

모든 것을
연결하는
패턴이
있을까?

자, 그럼…

여러분의 우주를
구성하고 있는
4가지
근본적인 차원
또는
근본적인 시각 부터
살펴보자.

IOS와 통합모델은 이 시스템을 구성하는 다양한 요소들의 연관성을 제시하지 못할 경우 '통일체'가 아니라 단순한 '무더기'가 될 것이다. 이들은 서로 어떻게 맞물리고 어울리는 것일까?

　　다양한 문화에서 관측한 자료 조각들을 책상 위에 펼쳐 놓고 "이 모두가 중요하다!"고 말할 수도 있다. 하지만 수집한 자료들에서 어떤 패턴을 찾아낸 다음, 모든 조각을 연결하는 또 다른 방법도 있다. 모든 자료를 연결할 수 있는 '기본적인 패턴'의 발견은 통합적인 접근의 주요한 성취 가운데 하나이다.

이 장에서는 이런 패턴들을 간략하게 살펴볼 것이다. 이런 패턴을 A-Q-A-L('아퀄ah-qwul'이라고 발음)이라고도 하는데, '모든 4분면, 모든 수준, 모든 라인, 모든 상태, 모든 타입'을 간략하게 줄여서 표시한 것이다. 아퀄을 구성하는 요소는 바로 뒤에 다룰 '4분면'을 빼고는 앞에서 간략하게 다루었다. AQAL은 IOS 또는 통합지도를 일컫는 다른 말일 뿐이지만, 패턴을 찾아 조각들을 연결하는 작업을 가리킬 때 종종 특정적으로 사용한다.

앞에서 통합모델을 구성하는 5가지 요소를 지금 당장 이용할 수 있다고 했는데, 4분면 역시 그러하다.

세계의 주요한 언어들에는 1인칭, 2인칭, 3인칭 대명사가 있다. **1인칭 대명사**는 '말하고 있는 당사자'를 가리키는데, *나, 나에게, 나의*라는 단수와 *우리, 우리에게, 우리의*라는 복수 형태가 있다. **2인칭 대명사**는 '말하고 있는 당사자의 말을 듣는 사람'을 가리키며, *너, 너의*가 포함된다.

**3인칭 대명사**는 *그(그녀), 그에게(그녀에게), 그들, 그들에게, 그것, 그것의* 처럼 말하고 있는 대상이 되는 사람이나 물건을 가리킨다.

그래서 내가 만약 나의 새 차에 대해서 여러분에게 말한다면 '나'는 1인칭이고 '여러분'은 2인칭이며 '새 차'(그것)는 3인칭이다. 그리고 여러분과 내가 무엇인가 이야기를 나누며 의사소통을 하고 있는 경우에는 '우리'라는 단어를 써서 '우리는 서로 이해한다'는 식으로 말할 수 있다. '우리'는 1인칭 복수이지만, 나와 여러분이 대화하고 있을 경우 '우리'라는 말 속에는 놀랍게도 여러분이 2인칭으로 부르는 사람인 내가 포함된다. 그러므로 때에 따라서 2인칭의 대상을 '너/우리' 또는 '당신/우리' 또는 그냥 '우리'라고 부를 수 있다.

그래서 1인칭, 2인칭, 3인칭의 대상을 **나, 우리, 그것**이라고 간단히 정리할 수 있다.

이런 이야기가 시시하고 따분할 수도 있겠다. 하지만 한 번 생각해 보자. '그것', '우리', '나'라고 말하는 대신 **진(眞, the Truth), 선(善, the Good), 미(美, the Beautiful)**라고 해보면 어떨까? 진선미는 성장과 발달의 모든 수준을 포함한, 매순간 그리고 모든 순간에 존재하는 차원이다. 여러분은 통합훈련을 통해서 여러분 자신의 점점 더 깊은 차원의 진선미를 발견할 수 있을 것이다.

이렇게 하고 보니 확실히 더 흥미로워진다. 진·선·미는 세계의 주요한 모든 언어에 존재하는 3인칭, 2인칭, 1인칭의 다른 표현이며, 거의 모든 언어에 이들 단어가 존재한다. 그것은 진선미가 이런 언어를 사용하는 사람들에게 실제로 존재하는 차원이기 때문이다. 3인칭의 대상(또는 '그것')은 과학을 통해서 가장 잘 탐색할 수 있는 객관적인 진리眞와 관련이 있다. 2인칭의 대상(또는 '너/우리')은 너와 나 곧 우리가 서로 어떻게 대하는가, 친절하고 정직하고 존중하는 태도로 서로를 대하는가에 대한 선善과 관련이 있다. 달리 말해 기본적인 도덕과 관련이 있다. 1인칭의 대상은 자기self를 얼마나 아름답게 보느냐와 자기표현을 얼마나 예술적으로 아름답게 할 것이냐, 곧 보는 자의 눈(또는 '나')과 관련된 미美와 연관되어 있다.

그러므로 **과학, 도덕, 예술**은 '그것', '우리', '나'를 체험하는 차원이다. 또는 **자연, 문화, 자기**라고 할 수도 있고 **진, 선, 미**라고 할 수도 있다(서구 철학자들은 몇 가지 이유에서 언제나 선, 진, 미의 순서로 언급하지만 여러분이 원하는 어떤 순서로 말해도 상관없다).

요점은 이 세상에 드러나는 **모든 사건은 진선미 차원을 지니고 있다**는 것이다. 여러분은 어떤 것이라도 '그것' 차원(객관적인 사실 차원)에서 볼 수도 있고, '우리'(나만이 아니라 다른 사람들은 어떻게 보는가)의 차원에서 볼 수도 있으며, '나'(내가 어떻게 보고 어떻게 느끼는가)의 차원에서 볼 수도 있다. 통합적인 길은 이 모든 차원을 함께 고려한다. 통합적인 길은 '나', '우리', '그것' 또는 자기, 문화, 자연 차원을 동시에 봄으로써 보다 더 포괄적이고 효과적으로 접근할 수 있다.

어떤 것에서 과학이나 예술이나 도덕 차원 가운데 어느 하나라도 빠지면 그것은 망가지게 될 것이다. 자기와 문화와 자연은 함께 해방의 길을 간다. 하나라도 빠지면 아무것도 가지 못한다. '나'와 '우리'와 '그것'의 차원이 이토록 근본적이기 때문에 우리는 이것을 4분면으로 나누어서 통합을 위한 기초 뼈대 또는 IOS의 기초로 삼는다(인칭이 셋밖에 없는데 4분면이 된 것은, 3인칭 '그것' 차원을 단수 '그것'과 복수 '그것들'로 나누었기 때문이다). 그러면 기본 관점을 명확히 이해하는 데 도움이 될 만한 도표 몇 개를 살펴보자.

다음 페이지의 〈도표 5〉는 4분면에 대한 개요이다. 왼쪽 도표는 **나**(개인의 내면), **그것**(개인의 외면), **우리**(집단의 내면), 그리고 **그것들**(집단의

진
TRUTH

선
Goodness

미
beauty

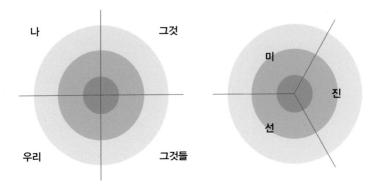

**도표 5** | 4분면과 진선미

外面)을 표현한 것이다. 달리 말해, 4분면(4상한)은 어떤 경우에라도 조망해볼 수 있는 기본적인 차원들이다. 무엇을 살펴보는 4가지 기본 방식이라고 할 수도 있다. 간단히 요약하자면 4분면은 개인의 **내면**과 **외면**, 집단의 **내면**과 **외면**을 일컫는 것이다.

〈도표 6, 7〉은 4분면을 좀 더 자세히 묘사한 것이다(전문적인 몇몇 단어들이 사용되었지만, 성가시게 여기지 말고 편안하게 도표를 음미하면서 분면마다 서로 다른 유형의 단어들이 사용된 것만 알아차리면 된다).

**좌-상 4분면**(개인의 내면)을 예로 들어보자. 거기에는 여러분의 생각, 느낌, 감각 등 모두 1인칭과 관련된 용어가 표시되어 있다. 그러나 여러분을 *밖에서* 바라본다면 주관적인 자각과 관련된 용어 대신 객관적인 과학의 용어를 발견할 수 있다. 신경전달물질, 대뇌변연계, 대뇌신피질, 복합 분자구조, 세포, 유기체, DNA 등 모두 3인칭('그것'과 '그것들')과

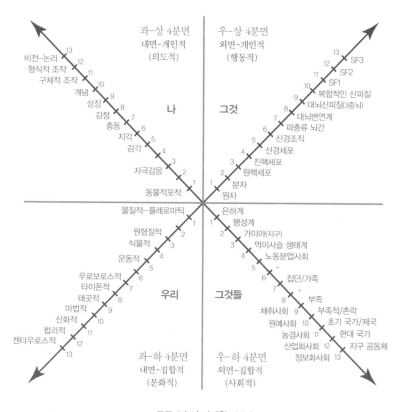

**도표 6** | 더 자세한 4분면

관련된 객관적인 용어다. 그러므로 **우-상 4분면**은 어떤 사람을 *밖*에서 바라볼 때 드러나는 것들이다. 특히 육체적인 행동, 물질적인 구성요소, 그를 구성하는 물질과 에너지, 구체적인 몸 등 **3인칭**('그것')으로 객관적으로 표현할 수 있는 개념들이 포함되어 있다.

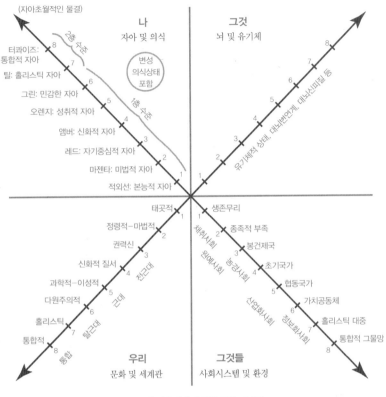

(자아초월적인 물결)

**나**
자아 및 의식

**그것**
뇌 및 유기체

2층 수준

8 터콰이즈:
통합적 자아
7 틸: 홀리스틱 자아
6
그린: 민감한 자아
5
오렌지: 성취적 자아
4
앰버: 신화적 자아
3
레드: 자기중심적 자아
2
마젠타: 미법적 자아
1
적외선: 본능적 자아

변성
의식상태
포함

1층 수준

유기체적 상태, 대뇌변연계, 대뇌신피질 뇌
8 7 6 5 4 3 2 1

태곳적
정령적-마법적
권력신
신화적 질서
과학적-이성적
다원주의적
홀리스틱
통합적

통합

1 생존무리
2 종족적 부족
3 봉건제국
4 초기국가
협동국가
가치공동체
홀리스틱 대중
통합적 그물망

채취사회
원예사회
농경사회
산업화사회
정보화사회

전근대
근대
탈근대

**우리**
문화 및 세계관

**그것들**
사회시스템 및 환경

**도표 7 |** 인류에게 초점을 맞춘 4분면

이것은 여러분 또는 여러분의 유기체를 밖에서 객관적인 '그것'의 자세로 바라본 것이다. 그것은 물질과 에너지와 객관적인 대상으로 구성되어 있다. 반면에 내면을 보면 신경전달물질이 아닌 느낌이, 대뇌변연계가 아닌 강렬한 욕망, 대뇌신피질이 아닌 내적인 비전, 물질-에너지가 아닌 의식이 보인다. 모두 1인칭과 관련된 것이다. 둘 중에 어느 것이 맞는가? 통합적인 접근에 따르면 둘 다 맞다. 동일한 여러분을 두 가지 다른 관점에서 본 것이다. 문제는 둘 중에 하나를 부정하거나 놓칠 때 생긴다. 어떤 통합적인 접근에도 4개의 4분면은 모두 포함되어야만 한다.

연결은 계속된다. '나'가 다른 사람의 '나'와 관계를 맺는다는 것은, 모든 '나'가 여럿으로 구성된 '우리'의 일원이라는 뜻이다. '우리'의 의식은 '개인의식'이 아니라 개인의식을 포함한 '그룹(또는 집단) 의식'이며, 주관적인 자각이 아니라 주관적인 자각을 포함한 상호주관적인 자각이다. 이것은 넓은 의미에서 **문화**라고 할 수 있다. 이것이 **좌-하 4분면**에 표시되어 있다. '나'와 마찬가지로 모든 '우리'도 외면 또는 밖에서 바라본 '우리'의 모습이 있다. 이것이 **우-하 4분면**의 내용이다. 좌-하 4분면을 종종 '문화적' 차원(또는 그룹의 내적인 자각, 그룹의 세계관, 그룹이 공유하고 있는 가치관과 느낌 등)이라고 부르며, 우-하 4분면을 **사회적** 차원(또는 시스템 이론 같은 3인칭 과학이 다루는 그룹의 외적인 형태나 행동양식)이라고 부른다.

거듭 말하지만, 4분면은 단순히 **개인**과 **집단**의 **내면**과 **외면**을 나낸 것이다. 그리고 가능한 한 통합적으로 접근하려면 이 4개의 4분면을 모두 포함시켜야 한다.

## 4분면을 통한 여행

우리는 이제 통합을 구성하는 모든 요소 곧 4분면, 수준, 라인, 상태, 그리고 타입을 함께 다루기 시작할 수 있는 지점에 도착했다. 이제 4분면을 여행하면서 5가지 요소를 통합적인 전체로 묶어보자. 자 그럼 **수준levels** 또는 **단계stages**부터 시작해보자.

**모든 4분면은 성장과 발달과 진화를 보여준다.** 4분면은 모두 어떤 상태 또는 발달 수준을 보여주고 있다. 물론 수준은 사다리 발판처럼 고정된 것이 아니라, 유동체로서 흐르는 물결처럼 전개된다. 수준의 전개는 자연세계 어디에나 존재한다. 참나무는 도토리에서 단계를 거치면

서 성장하고 발달한다. 시베리아 호랑이는 수정된 난자에서부터 정확한 단계를 거치면서 성숙한 호랑이로 성장하고 발달한다.

인간의 성장과 발달도 일정한 단계를 거치면서 전개된다. 우리는 앞에서 인간에게 적용할 수 있는 몇 가지 단계를 살펴본 바 있다. 좌-상 4분면 곧 '나'와 관련된 4분면을 예로 들어보자. '나'는 자기중심적인 단계에서 시작해서 민족중심적인 단계를 거쳐 세계중심적인 단계로 발달해 나간다. 또는 **육체**body*에서* **마음**mind*을 거쳐* **영**spirit*으로* 발달해 나간다. 우-상 4분면에서는 물질-에너지가 밀도가 높은 거친 단계에서 시작해서 정묘한 단계를 거쳐 원인이 되는 단계로 전개된다. 좌-하 4분면에서는 '우리'가 *자기중심적인 단계*('나')*에서 시작해서 민족중심적인 단계*('우리')*를 거쳐 세계중심적인 단계*('우리 모두')*로 전개된다.* 이렇게 그룹 의식이 확장되면 그에 어울리는 사회적인 시스템이 생긴다. 우-하 4분면은 그런 사회제도의 전개를 보여준다. 단순한 그룹에서 국가와 같이 점점 더 복합적인 시스템으로 발달하고, 점차 세계적인 시스템으로 전개되어 나간다. 각 4분면의 발달과 전개를 이렇게 단순하게 3단계로 나누어본 것을 도표로 표시하면 〈도표 8〉과 같다.

이제 **수준**levels*에서* (발달) **라인**lines으로 시선을 옮겨보자. 4분면 모두에 발달 라인 또는 발달 흐름이 있지만, 여기서는 좌-상 4분면에 표시된 개인의 발달 라인에 초점을 맞추어보자. 앞에서 잠깐 살펴본 것처럼 서로 다른 다양한 지능이 있으며, 그것들이 모두 발달 라인이다. 다음은 그중에서 보다 중요한 몇 가지 라인을 표현한 것이다.

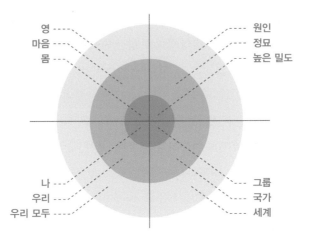

영 ----                ---- 원인
마음 ----             ---- 정묘
몸 ----              ---- 높은 밀도

나 ----             ---- 그룹
우리 ----             ---- 국가
우리 모두 ----          ---- 세계

**도표 8 | AQAL**

- **인지**cognitive 발달 라인(무엇을 알아차리는 능력이 발달하는 흐름).
- **도덕성**moral 발달 라인(무엇이 어떠해야 된다는 의식이 발달하는 흐름).
- **정서**emotional **또는 감정**affective 발달 라인(감정의 전체 스펙트럼이 발달하는 흐름).
- **대인관계**interpersonal 발달 라인(다른 사람들과 사회적으로 관계하는 능력이 발달하는 흐름).
- **욕구**needs 발달 라인(예를 들면 매슬로의 욕구의 위계적인 발달 흐름).
- **자아 정체성**self-identity 발달 라인(뢰빙거의 자아 발달 단계가 보여주는 것처럼, '나는 누구인가?'에 대한 정체성이 발달하는 흐름).
- **심미적**aesthetic 발달 라인(자기표현 능력, 아름다움과 예술과 어떤 것

의 의미를 느끼는 능력이 발달하는 흐름).

- **성-심리**psychosexual 발달 라인(넓은 의미에서 모든 차원[거친, 정묘한, 원인이 되는 차원]에서 경험하는 에로스의 전全 스펙트럼이 발달하는 흐름).

- **영성**spiritual 발달 라인(여기서 '영spirit'은 모든 것의 근거인 최상의 단계라는 의미가 아니라, 발달이 전개되는 한 라인을 가리킨다).

- **가치관**values 발달 라인(또는 클레어 그레이브스Clare Graves의 연구와 그것의 대중화 버전인 '스파이럴 다이내믹스Spiral Dynamics'가 제시하는 것 같은, 어떤 사람이 가장 중요하게 여기는 것이 발달하는 흐름).

이 모든 발달 라인 또는 발달 흐름은 기본적인 수준 또는 기본적인 단계에서 출발하는데, 모두 사이코그래프에 포함시킬 수 있다. 만약 로버트 키건이나 제인 뢰빙거나 클레어 그레이브스 같은 사람들의 지도를 이용한다면 5, 8 또는 그 이상의 수준을 통과하면서 자연적으로 전개되는 발달 단계 또는 발달 흐름의 양상을 파악할 수 있을 것이다. 거듭 말하지만 문제는 어떤 지도가 맞고 어떤 지도가 틀리느냐가 아니다. 어떤 주어진 상황을 적절하게 이해하기 위해서 얼마나 많은 '구성 요소'가 포함되어 있는지 또는 '복합성'을 살펴보아야 하는지가 관건이다.

우리는 앞에서(p.41 〈도표 3〉) 한 가지 사이코그래프를 본 바 있다. 〈도표 9〉는 또 다른 사이코그래프인데, 노트르담 경영학교에서 AQAL 모델을 이용한 통합적인 지도력에 대해서 강의할 때 발표한 것이다.

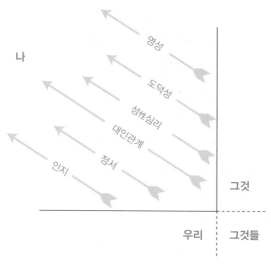

**도표 9** | 다른 형태의 사이코그래프

앞서 말한 것처럼, 모든 4분면에 발달 라인이 있다. 지금까지는 좌-상 4분면에 대해서만 살펴보았는데, 우-상 4분면을 보면 인간과 관련해서 가장 중요한 요소 가운데 하나인 육체적인 물질-에너지 발달 라인이 있다. 이 라인은 살펴본 바와 같이 밀도가 높은 거친 에너지에서 정묘한 에너지를 거쳐 원인이 되는 에너지로 이어진다. 발달이 진행됨에 따라서 어떤 단계에 도달하면 존재를 구성하는 활동적인 구성요소들을 의식적으로 다룰 수 있게 되며, 영구적으로 그 상태의 주인이 된다(만약 그렇지 못하면 일시적인 상태로 나타났다가 사라진다). 우-상 4분면은 (밀도가 높고, 정묘하고, 원인이 되는) 객관적인 몸의 모든 외적인 **행**

동, 활동, 움직임을 보여주기도 한다.

좌-하 4분면에서는 종종 물결 모양으로 펼쳐지는, 이 분야의 개척자적인 선구자인 장 겝서Jean Gebser가 *태곳적archaic* 단계, *마법적magic* 단계, *신화적mythic* 단계, *합리적rational* 단계, *통합적integral* 단계, 그리고 그 이상의 단계로 나눈 것과 같은 문화적인 발달 단계를 볼 수 있다. 우-하 4분면에는 시스템 이론이 조사한 집단적인 사회 시스템의 발달 단계가 표시되어 있다(인류 사회의 경우 채취사회 시스템, 농경사회 시스템, 산업화사회 시스템, 정보화사회 시스템 등이 여기에 포함된다). 우리는 이것을 〈도표 8〉에서 '그룹, 국가, 세계'로 간략하게 표현했는데, 기본적인 생각은 사회가 점점 더 복합적으로 발달할수록 더 광범위한 시스템으로 통합된다는 것이다.

간략하게 개관하는 이 시점에서 세부 사항을 자세하게 다루는 것은 그다지 중요하지 않다. 그보다는 모든 4분면이 전개되는 속성 또는 흐르는 속성을 지니고 있다는 것, 그리고 전개되고 흐르는 것이 나, 문화, 그리고 자연과 관련해서 의식 영역이 확장되는 것을 포함하고 있다는 것을 일반적으로 이해하는 것이 중요하다. 한마디로 '나'와 '우리'와 '그것'이 진화할 수 있다는 것을 아는 것이 중요하다. 자기와 문화와 자연은 거의 무한수의 물결과 흐름을 통과하면서 발달하고 진화할 수 있다. 그래서 원자에서 출발하여 초신성에 도달하고, 세포에서 출발해서 지구에 도달하며, 먼지에서 시작하여 신성神性에 이를 수 있다.

도표에 모든 것을 다 담을 수 없음을 인정한다면, 도표가 AQAL을 이

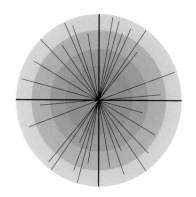

**도표 10** | 4분면, 수준, 발달 라인

해하는 데 꽤 도움이 될 수 있을 것이다. 우리는 이미 AQAL(또는 IOS)의 가장 단순한 도표를 보았다. 〈도표 8〉이 그것인데, 거기에는 단지 4분면과 수준만 간략하게 표시되어 있다. 〈도표 10〉은 어떤 점에서 〈도표 8〉의 완전한 버전이라고 할 수 있는데, 이 도표는 4분면과 수준과 라인을 보여주고 있다(여담이지만 〈도표 10〉은 UNICEF가 아동 기아에 대한 세계적인 패턴을 분석할 때 사용한 도표 가운데 하나이다).

〈도표 11〉은 UNICEF 도표의 변형인데, 여기에는 '라인'이 '나선형 spirals'으로 묘사되어 있다. 그것은 많은 발달 라인이 나선형으로 전개되는 특성이 있음을 보여준다. 어쨌든 발달 과정을 직선으로 표현할 수도 있고, 나선으로 표현할 수도 있고, 흐름으로 표현할 수도 있지만, 모든 4분면에서 발달이 진행된다는 것은 변하지 않는다.

지금까지 제시한 간단한 도표들을 대략 이해할 수만 있다면 그 다

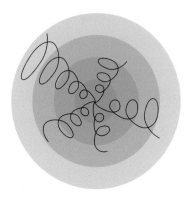

**도표 11** | 나선형 흐름과 물결

음 구성 요소들을 이해하는 것은 아주 쉽다. 우선 상태를 보자. 모든 4분면에는 (기상 상태부터 의식 상태까지) **상태**states가 있다. 우리는 앞에서 좌-상 4분면의 **의식 상태**(깨어 있는 상태, 꿈꾸는 상태, 깊은 잠 상태)와, 우-상 4분면의 **물질-에너지 상태**(밀도가 높은 상태, 정묘한 상태, 원인이 되는 상태)에 초점을 맞추었다. 물론 이들 상태는 모두 그 단계에 도달하면 상태가 아니라 영속적인 특성이 될 수 있다.

다음으로, 모든 4분면에 **타입**types이 있다. 우리는 앞에서 개인에게 나타나는 남성 타입과 여성 타입에 초점을 맞추었다. 남성 원리는 행동을 지향하는 경향이 있고, 여성 원리는 교류를 지향하는 경향이 있다. 하지만 중요한 것은 모든 사람이 남성 원리와 여성 원리를 동시에 지니고 있다는 것이다. 끝으로, 앞에서 본 것처럼 모든 단계에 '건강치 못한' 타입의 남성 원리와 '건강치 못한' 타입의 여성 원리가 있으며, 우

리는 그것을 병든 남자 아이와 병든 여자 아이라고 불렀다.

너무 복잡해 보이는가? 어떤 점에서는 그럴 수도 있다. 하지만 달리 보면, 엄청나게 복잡한 인간과 그런 인간이 우주와 관계를 맺는 양상을 4분면(모든 사건을 '나', '우리', '그것'으로 표현할 수 있다), 발달 라인(다중 지능), 발달 수준(육체에서 마음을 거쳐 영靈으로), 그리고 각 수준의 상태와 타입을 통해 굉장히 간단하게 표현할 수 있다.

**통합모델**(모든 4분면, 모든 수준, 모든 라인, 모든 상태, 모든 타입)은 진정으로 중요한 요소들을 통합적으로 다룰 수 있는 가장 간단한 모델이다. 우리는 통합모델을 구성하는 모든 요소를 간단하게 줄여서 '모든 4분면all quadrants, 모든 수준all levels' 또는 **AQAL**이라고 부르기도 한다. 4분면은 자기, 문화, 자연(단수 3인칭과 복수 3인칭)이며, 수준은 몸, 마음, 영이다. 그래서 통합적인 접근에는 **자기와 문화와 자연 차원에서 몸과 마음과 영적인 성장을 도모하는 훈련이 포함된다.**

지금까지 말한 것이 IOS의 기본이라고 일단 결론 짓고, 이제 어떻게 **응용**할 수 있는지 그 예를 살펴보자. 우선 의료, 경영, 영성, 생태학, 그리고 개인의 삶에 응용되는 예를 살펴보기로 하자. 나는 여러분이 이들 영역에서부터 통합모델을 적용할 수 있기를 희망한다.

chapter 4

당장 어떻게 활용할까:
IOS 활용법

통합이론은

진정으로 포괄적인

최초의

세계 철학

일지 모른다.

그러나
통합적인 비전은

인간의 기본적인 활동에 어떤
기여를 할 수 있을까?

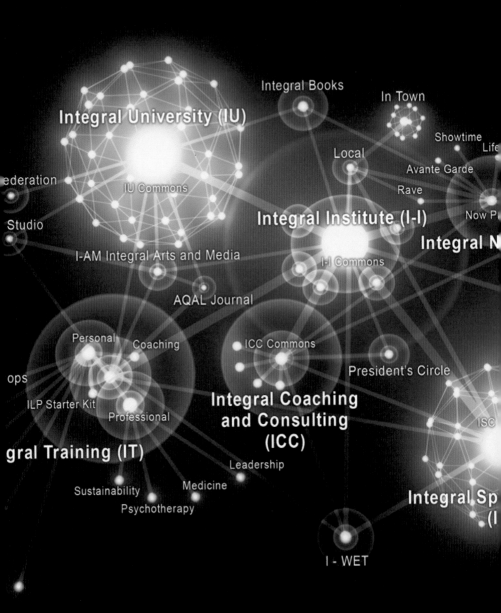

전 세계적으로 수많은 사람들이 다양한 영역에서 통합 비전을 자신들의 작업에 적용하고 있다.

　　생태학에서부터 의료, 범죄학, 경영, 개인적인 변형에 이르기까지 통합비전은 다양한 영역에 적용되고 있다. 통합적인 접근은 다른 어떤 방식보다 명백히 체계적이고, 더 많은 진리와 가능성을 지니고 있기 때문에 어떤 영역의 일이든지 급진적일 정도로 효과적이고 성취 가능하게 해준다.

## 통합적인 의료

　의료 분야보다 통합모델을 즉시 적용 가능한 영역도 없다. 건강관리를 직업으로 하는 사람들 가운데 통합모델을 자신들의 일에 적용하는 사람들의 수도 세계적으로 점차 늘어나고 있다. 4분면을 간단히 점검해보면 (p.97 〈도표 12〉 참고) 통합 모델이 왜 도움이 되는지를 알 수 있을 것이다.

　기존의 의료는 전통적으로 **우–상 4분면** 차원의 접근이다. 그것은 거의 전적으로 수술, 약물 치료, 행동 제한 등 육체에 개입하는 방식으로 육체적인 유기체를 다룬다. 전통적인 의학에서는 기본적으로 육체의 질병에는 육체적인 원인이 있다고 믿는다. 그래서 대부분의 치료가 육체에 개입하는 방식을 취한다. 그러나 통합모델은 모든 육체적인 사건(우–상)에는 4가지 차원(4분면)이 있기 때문에, 육체적인 질병도 모든 4분면 차원에서 보아야만 한다고 주장한다(수준을 말하는 것이 아니다. 그에 대해서는 뒤에 언급할 것이다). 통합 모델이 우–상 4분면이 중요하지 않다고 말하는 것이 아니라, 그것만으로는, 말하자면 이야기의 4분의 1일뿐이라고 하는 것이다.

　최근에 대안의학에 대한 관심이 급격하게 증가하면서(심리 신경면역학 같은 분야를 말하는 것이 아니라), 사람의 **내면 상태**(감정, 심리적인 태도, 상상, 의도 등)가 질병의 중요한 원인으로 작용할 뿐만 아니라 **치료**에도 큰 역할을 한다는 것이 명백히 밝혀졌다. 달리 말하자면, 포괄적인 의

# 통합적인 의료

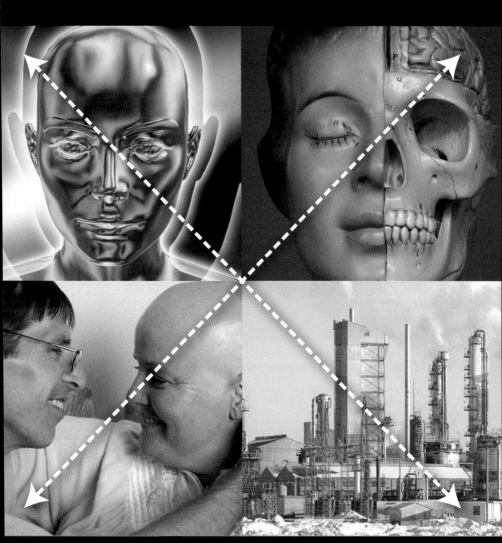

4분면의 모든 요소가 질병의 원인과 치료에 영향을 미친다.

료에서는 **좌-상 4분면**이 결정적으로 중요한 요소가 된다는 뜻이다. 상상, 확언, 심상心象을 의식적으로 사용하는 것 등이 대부분의 질병치료에서 중요한 역할을 한다는 것이 경험적으로 밝혀졌다. 그리고 감정 상태와 마음 자세가 치료 결과를 크게 좌우한다는 것도 밝혀졌다.

그러나 이런 주관적인 요소가 중요한 것은 사실이지만, 개인의 의식은 진공 속에 존재하는 것이 아니다. 그것은 다른 사람들과 공유하는 문화적인 가치관, 믿음, 세계관 속에 그것들과 얽혀 있는 상태로 존재한다. 어떤 특정한 질병에 대한 문화적인 관점(관심과 동정심 또는 조롱과 비웃음을 포함, 좌-하)은 환자가 그 질병에 맞서는 자세(좌-상)에 깊은 충격을 줄 수 있으며, 육체적인 질병 그 자체(우-상)의 진행이나 치료에 직접적으로 영향을 미칠 수 있다. **좌-하 4분면**에 포함되는 수많은 **상호주관적**인 요소들은 어떤 인간관계에서라도 중요한 요소들이다. 예를 들면 의사와 환자 사이의 공감이 있는 대화, 가족과 친구들의 태도, 그리고 그들이 환자에게 자신들의 생각을 전달하는 방식 등이 중요하다. 어떤 질병(예를 들면 에이즈)을 문화적인 가치관에 따라서 수용하거나 비난하는 것과 질병 그 자체는 밀접한 관련이 있다. 이런 문화적인 요소들은 (모든 경우가 4개의 4분면을 갖는다는 단순한 이유로) **모든** 육체적인 질병이나 그 치료에 어느 정도의 원인으로 작용한다.

물론 실제로는 좌-하 4분면을 질병과 유력하게 관련이 있는 요소들로 국한할 필요가 있다. 의사와 환자의 관계를 맺는 능력, 가족과 친구들과 환자를 지원하는 그룹, 그리고 어떤 질병에 대한 문화적인 판단

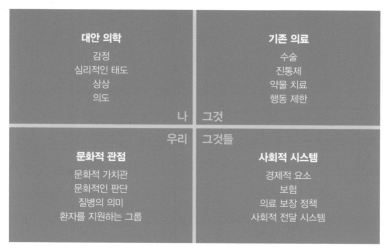

| 대안 의학 | 기존 의료 |
|---|---|
| 감정<br>심리적인 태도<br>상상<br>의도 | 수술<br>진통제<br>약물 치료<br>행동 제한 |
| 나 | 그것 |
| 우리 | 그것들 |
| 문화적 관점 | 사회적 시스템 |
| 문화적 가치관<br>문화적인 판단<br>질병의 의미<br>환자를 지원하는 그룹 | 경제적 요소<br>보험<br>의료 보장 정책<br>사회적 전달 시스템 |

**도표 12** | 통합적인 의료에서의 4분면

에 따른 일반적인 이해와 그것이 질병에 미치는 영향 등으로 국한할 필요가 있다. 예를 들면 지원 그룹의 도움을 받는 암환자들이 비슷한 문화적인 지원을 받지 못하는 암환자들보다 더 오래 산다는 연구 결과가 일관되게 보고되고 있다. 실제로 좌-하 4분면과 관련된 어떤 요소들은 포괄적인 의료에서 아주 중대한 역할을 한다.

**우-하 4분면**은 물질적, 경제적, 사회적 요소들로 구성된다. 질병의 본질과 관련해서는 이런 요소들을 거의 셈에 넣지 않지만, 실제로는 다른 모든 4분면과 마찬가지로 질병과 치료의 **원인**으로 작용한다. 어떤 사회 시스템이 음식을 전달하지 못한다면 (기근으로 시달리는 나라들이 매일 보여주는 것처럼) 여러분은 죽게 될 것이다. 이 세상에 존재하는 것에는 모두 4개의 4분면 차원이 있다. 어떤 바이러스가 우-상 4분면에서 초점이 되는 주제가 될 수 있다. 하지만 우-하 4분면의 사회 시스템이 없다면 약이나 치료법을 전달할 수 없기 때문에 죽게 될 것이다. 이것은 비단 바이러스에만 관련된 문제가 아니다. 모든 것에 4개의 4분면 차원이 있기 때문이다. 우-하 4분면에는 경제적인 요소, 보험제도, 사회적인 전달 시스템 등이 포함된다. 심지어 병원의 병실이 물리적으로 잘 배치되어 있는가(환자가 쉽게 움직일 수 있는가? 방문객이 쉽게 출입할 수 있는가? 등) 하는 문제도 포함된다. 물론 환경 독소 같은 것은 여기에 포함되지 않는다.

지금까지 언급한 항목들은 질병의 원인과 관리에 관련된 '모든 4분면'에 대한 것이다. '모든 수준'과 관련해서 보자면, 모든 사람이 각 4분면에서 적어도 육체적, 정서적, 정신적, 영적 **수준**을 지니고 있다(〈도표 8〉을 보라). 버스에 치인다거나 다리가 부러진 것처럼 원인이 육체적이고 육체적으로 치료할 수 있는 경우가 있다. 하지만 대부분의 병의 원인과 치료에는 **감정적, 정신적, 영적** 요소들이 포함된다. 실제로 질병과 치료의 '복합-수준multi-level' 특성을 폭넓게 이해할 수 있게 해주는 수많은 연구 결과가(샤먼, 티베트 불교 등 위대한 지혜 전통이 전해주는 귀한 가르침을 포함해서) 세계 곳곳에서 발표되었다. 요점은 간단하다. 각 4분면에 이러한 수준levels을 덧붙임으로써 보다 포괄적이고 효과적인 의료 모델을 창출할 수 있다는 것이다.

요약하면 이렇다. 진정으로 효과적이고 포괄적인 의료 계획에는 모든 4분면과 모든 수준이 포함되어야 한다. 〈도표 5〉가 보여주는 '나'와 '우리'와 '그것'으로 이루어진 각 4분면 또는 각 차원에는 〈도표 8〉이 보여주는 것처럼 육체적, 정서적, 정신적, 영적 수준이 포함되어 있다. 진정으로 통합적인 치료를 하려면 이들 요소를 모두 고려해야 할 것이다. 이런 통합적인 의료는 단편적인 의료보다 **효과적**일 뿐만 아니라, **의료비용도 줄일 수 있다.** 이것이 제도적인 의료기관들조차 통합적인 의료에 깊은 관심을 보이는 이유이기도 하다.[1]

## 통합적인 비즈니스

최근에 비즈니스와 리더십 분야에서 통합모델을 적용하는 사례가 급격하게 늘고 있다. 그 이유는 통합모델이 즉각적이고 명백한 효과가 있기 때문이다. 〈도표 13〉의 각 4분면은 상품이 살아남아야만 하는 4가지 '환경' 또는 '시장'이다. 각 4분면에서의 수준은 상품을 생산하고 구매하는 데 영향을 미치는 가치 형태에 따라 구분된다. 매슬로나 그레이브스(예: 스파이럴 다이내믹스) 같은 사람들이 연구한 가치의 위계는 이미 비즈니스 영역에 큰 영향을 미치고 있다. 그런데 이제 이런 여러 연구 결과를 4분면과 결합할 수 있게 되었고, 그것은 가치 수준이 4가지 다른 환경에서 어떻게 나타나는지를 보여준다. 이것은 전통적인 시장과 사이버 시장을 모두 커버하는, 시장에 관한 진정으로 포괄적인 지도

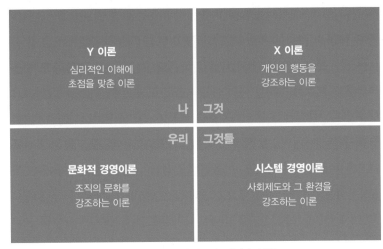

도표 13 | 통합적인 비즈니스에서의 4분면

라고 할 수 있다.

나아가 통합모델 또는 AQAL에 기초한 통합적인 리더십 훈련 프로그램 역시 널리 퍼져나가고 있다. 기업 경영에 관한 4가지 중요한 이론이 있다. 'X이론'은 개인의 행동을 강조하고, 'Y이론'은 심리적인 이해에 초점을 맞춘다. 그리고 '문화적 경영이론'은 조직체의 문화를 강조하고, '시스템 경영이론'은 사회적인 시스템과 그것의 관리를 강조한다.

이 4가지 경영이론은 사실상 전체 4분면의 각 면이다. 통합적인 접근은 이 4가지 접근방식을 모두 포함한다. 여기에 수준level과 라인line을 더하면 말할 수 없이 정교한 리더십 모델을 창출할 수 있으며, 다양한 분야에서 쉽게 이용할 수 있다.[2]

## 통합적인 생태학

통합적인 생태학 또는 AQAL 생태학은 통합연구소의 몇몇 관련자들에 의해서 이미 개척되기 시작했다. 환경 문제를 보는 시각과 실제적인 접근 방식과 치료책에 대해서 혁명적인 제안이 나올 것이 분명하다.

기본적인 생각은 단순하다. 환경 문제에 통합적이거나 포괄적이지 않은 방법으로 접근하면 실패할 수밖에 없다는 것이다. 좌측의 내적인 4분면과 우측의 외적인 4분면을 함께 고려해야만 한다. **외적**인 환경을 보호하고 유지하는 것은 분명히 필요하다. 하지만 **내적**인 영역인 가치관과 의식이 세계중심적인 수준으로 성장하고 발달하지 못하면, 환경은 위험한 상태로 남아 있을 수밖에 없다. 외적인 문제 해결에만 초점을 맞추는 것은 또 다른 문제를 만들어낸다. 자기, 문화, 그리고 자연은 함께 해방을 받든지 아니면 아무것도 풀려나지 못하든지 둘 중에 하나다. 어떻게 함께 해방될 것인지를 탐구하는 것이 통합적인 생태학의 초점이다.[3]

## 관계와 사회성을 갖춘 영성

영성spirituality에 AQAL식 접근을 한다는 것에는 자기와 문화와 자연 곧 '나'와 '우리'와 '그것' 영역에서 육체적·정서적·영적 수준의 발달을 동시에 도모한다는 뜻을 내포하고 있다. 이와 관련해서는 사회성을 갖춘 영성부터 영적인 교류를 위한 관계 맺기까지 대단히 다양한 변형 주제가 있다. 우리는 성장에 도움이 되는 이 모든 중요한 주제를 6장〈통합적인 삶을 위한 훈련〉에서 살펴볼 것이다. 통합적인 영성에 함축되어 있는 주제들은 심오하고 광범위하다. 지금으로서는 충격이 막 가해진 정도에 지나지 않는다.

그러나 '통합적인 영성'의 의미를 완전히 이해하려면, 그 전에 '영성' 그 자체의 의미를 이해해야만 한다. 그러기 위해 문제가 복잡하게 얽힌 수풀로 뛰어들어야 한다. 하지만 통합적 접근이 과연 복잡하게 얽힌 상황을 산뜻하게 정리해줄 수 있을까?

과연 그렇게 될 수 있을까?

**1** ___ 이런 방식의 접근에 대해서 더 알기를 원한다면 www.IntegralInstitute.org에 있는 Integral Medicine 관련자료를 참고하기 바란다.

**2** ___ 이런 방식의 접근을 추구해보고 싶다면 www.IntegralInstitute.org에 있는 Leadership과 Business 분야의 자료를 둘러보길 바란다.

**3** ___ 통합적인 생태학, 통합적인 환경, 통합적인 환경유지에 대해서 관심이 있다면 www.kenwilber.com과 www.IntegralInstitute.org를 방문해서 Integral Ecology 분야를 참고하기 바란다.

chapter 5

당신은 이러한가? ⬇
**"영적인, 그러나
종교적이지 않은"**

이 세상에서
종교는 왜 이렇게
복잡하고,
혼란스럽고,
대립하는
세력이 되었는가?

한편으로는
사랑과 생명을
그토록 가르치면서,
다른 한편으로는

엄청난
죽음과 파멸의
원인이 되고 있다.
어떻게 이럴 수 있는가?

아무리 그럴듯하게 설명하더라도 답이 될 수 없을 것이다. 이것은 누구나(또는 세계적으로) 만날 수 있는 가장 심각한 문제일 것이다. 통합적인 접근은 '모든 것의 의미를 이해하는 방식'으로 알려져 있다. 그렇다면 통합적인 접근이 이 문제를 해결하는 데 도움이 될 수 있을까? 확실히 그렇다. 그러나 먼저 염두에 두어야 할 사실이 있다. 사람들은 저마다 4분면, 수준, 라인, 상태, 그리고 타입에 입각한 최소 5가지 의미로 '영성'을 말하고 있다는 것이다. 그러나 이 5가지 요소를 함께 고려한다면, 다시 말해 AQAL 관점을 취한다면 이 주제에 관한 실제로 다른 접근들을 함께 묶어서 살펴볼 수 있다. 그러면 이 주제 전체의 의미가 도출되기 시작할 것이다. 이런 접근법을 채택하지 않으면, 영성에 관한 모든 논의에서 어떠한 대답도 얻지 못할 것이다. 그러나 모든 요소를 함께 고려하면 실제로 '모든 것의 의미를 이해하는' 과정이 시작될 것이다. 그렇다면 앞으로 나아가볼까?

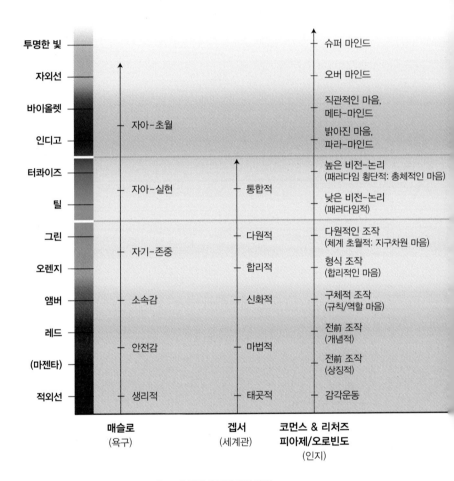

| | 매슬로<br>(욕구) | 겝서<br>(세계관) | 코먼스 & 리처즈<br>피아제/오로빈도<br>(인지) |
|---|---|---|---|
| 투명한 빛 | | | 슈퍼 마인드 |
| 자외선 | 자아-초월 | | 오버 마인드 |
| 바이올렛 | | | 직관적인 마음,<br>메타-마인드 |
| 인디고 | | | 밝아진 마음,<br>파라-마인드 |
| 터콰이즈 | 자아-실현 | 통합적 | 높은 비전-논리<br>(패러다임 횡단적: 총체적인 마음) |
| 틸 | | | 낮은 비전-논리<br>(패러다임적) |
| 그린 | 자기-존중 | 다원적 | 다원적인 조작<br>(체계 초월적: 지구차원 마음) |
| 오렌지 | | 합리적 | 형식 조작<br>(합리적인 마음) |
| 앰버 | 소속감 | 신화적 | 구체적 조작<br>(규칙/역할 마음) |
| 레드 | 안전감 | 마법적 | 전前 조작<br>(개념적) |
| (마젠타) | | | 전前 조작<br>(상징적) |
| 적외선 | 생리적 | 태곳적 | 감각운동 |

도표 14 | 몇몇 주요한 발달 라인

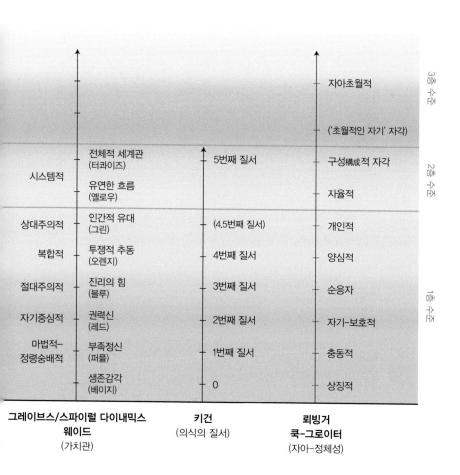

## 무지개 물결과
## 희미하게 반짝이는 흐름들

좌-상 4분면 곧 개인의 내면부터 시작하여, 다중지능(또는 여러 발달 라인)을 좀 더 자세히 살펴보자. 우리 모두에게는 욕구, 가치관, 인지, 도덕성, 그리고 자아를 포함한 상당히 많은 발달 라인이 있다는 것을 앞에서 보았다. 상당히 많은 발달론자들에 의해서 각 라인이 깊이 있게 탐구되었는데, 〈도표 14〉는 그중에서 가장 잘 알려져 있고 인정받는 몇 사람의 연구 결과를 요약한 사이코그래프이다.

의식 수준 또는 의식의 물결을 무지개 색깔로 표현할 수 있다는 점을 주목할 필요가 있다. 이것은 여러 지혜 전통의 수행자들이 공통으로 경험하는 사실이다. 우리는 이 방법으로 일반적이고 아주 멋지고 컬러풀한 방식으로 수준에 대해서 논의할 수 있다. 수직으로 배열한 무지개 색의 **고도**高度는 모든 발달 라인의 의식의 발달 정도 또는 의식의 복합성 정도를 보여준다. 그래서 이것으로 다양한 라인의 발달 상태를 무지개 색의 고도를 통해서 쉽게 비교할 수 있다. 〈도표 14〉가 그렇게 한 하나의 예이다(7가지 무지개 색에는 없는 앰버amber나 틸teal 같은 중간색 때문에 골치 아파할 필요는 없다. 색깔을 이용한 다른 여러 모델들과 함께 사용하기 위해서 이런 색을 넣은 것이다. 기본적인 생각은 단순하다. 색깔로 의식의 스펙트럼을 표현할 수 있다는 것이다).

도표 맨 왼쪽은 아주 잘 알려져 있는 매슬로의 '욕구 위계needs

hierarchy'인데, 그 의미는 이렇다.

여기서 잠깐 상당한 오해를 받고 있는 '위계hierarchy'라는 말을 살펴볼 필요가 있다. 많은 사람들이 이 말을 아주 싫어한다. 거기에는 그럴만한 이유가 있다. 그러나 적어도 두 가지 유형의 위계가 있다. 연구자들은 두 유형의 위계를 하나는 억압적인 위계(또는 지배적인 위계)라고 부르고 다른 하나는 성장 위계(또는 실현 위계)라고 부른다. **억압적인 위계**는 사람들을 억압하고, 이용하고, 지배하기 위해 만들어진 계급제도를 말한다. 억압적인 위계 가운데 가장 악명 높은 것은 동양과 서양의 여러 신분제도들이다. 개인이나 집단의 성장을 막는 위계는 모두 억압적인 위계이다.

반면에 **실현 위계**는 성장 과정 그 자체를 의미한다. 이 위계는 억압과는 거리가 멀고, 오히려 억압을 끝낼 수 있는 방법을 제시해준다. 인간의 경우 성장 또는 발달 위계는 자기중심적인 단계에서 시작해서 민족중심적인 단계를 거쳐 세계중심적인 단계로, 그리고 온 우주중심적 Kosmocentric('온 우주중심적Kosmocentric'이라는 것은 제3층의 우주를 지향한다는 뜻이다. 이 말은 물질, 몸, 마음, 영혼으로 구성된 '온 우주total universe'를 뜻하는 그리스어 단어 'Kosmos'에서 비롯되었다. Kosmos는 가장 낮은 차원인 물질로만 구성된 우주를 뜻하는 'cosmos'와는 다른 의미를 지니고 있다)인 단계로 진행된다. 자연계에는 어디에나 성장 위계가 있다. 자연계의 만물은 일반적으로 원자에서 분자로, 분자에서 세포로, 세포에서 유기체로 위계적으로 전개된다. 성장 위계는 언제나 이전 단계를 품고 그것을 초월하여 다음 단계로 전개하는, '품고 올라가는 위계nested hierarchies'이다. 유기체는 세포를 포함하고 그것을 초월한다. 세포는 분자를 포함하고 그것을 초월한다. 분자는 원자를 포함하고 그것을 초월한다. 원자는 쿼크를 포함하고 그것을 초월한다. 이런 식으로 전개되는 것이 품고 올라가는 성장 위계이다. 성장 위계에서는 상위 수준이 하위 수준을 억압하지 않고, 오히려 그것을 품는다! 성장 위계는 점점 더 높이 올라가는 위계higher-archy이다. 상위로 올라갈수록 관심, 의식, 인지, 도덕성 능력이 증대되기 때문이다. 성장이란 이전 단계를 품고 **포괄**envelopment하는 **발달**development이다. 자기중심적인 단계에서 민족중심적인 단계, 세계중심적인 단계, 온 우주중심적인 단계로 전개된다. 〈도표 14〉의 위계들은 모두 성장 위계이며, 품은 정도가 증대하는 물결을 타고 흘러가는 다양한 흐름을 보여준다.

간단히 말하자면 지배적인 위계는 억압을 낳고, 성장 위계는 억압을 종식시킨다. (**모든 위계**를 비난하는 것은 일종의 재앙임을 이해할 수 있는가?)

이제 〈도표 15〉가 보여주는 매슬로의 욕구 위계 이야기를 계속해보자. 아브라함 매슬로의 엄밀한 연구는 사람의 욕구가 순차적으로 발달한다는 것을 보여준다. 아래 차원의 욕구가 충족되면 다음 차원의 욕구가 출현한다. 매슬로가 제시하는 생리적인 욕구는 아주 단순하다. 음식과 주거지와 생물학적으로 살아가는 데 기본적으로 필요한 것에 대한 욕구가 그것이다(생리적 욕구). 이 욕구가 충족되면, 자아에 대한 감각이 생기면서 자기를 보호하고 안전을 확보하려는 욕구가 생긴다(안전 욕구). 이 욕구가 충족되면, 단지 안전함뿐만 아니라 소속되고 싶은 욕

**도표 15** | 매슬로의 욕구의 단계

구가 생긴다(소속감 욕구). 소속되고 싶은 욕구도 충족되면, 자기 가치를 인정받고 싶은 새로운 욕구가 생긴다(자기 존중 욕구). 이런 욕구들이 충족되면, 매슬로가 자아 실현 욕구라고 부른 더 높은 욕구가 생긴다(자아 실현 욕구). 이 욕구마저 충족되면, *자아를 초월하고 싶은 욕구*가 출현한다(자아 초월 욕구). 자아 초월 욕구는 더 높은 관심과 의식의 물결 속으로 더 깊이 들어가고자 하는 욕구이며, 여기서부터 자아를 초월한 여행 또는 영적인 여행이 시작된다.

아마 가장 유명한 발달 모델은 장 겝서Jean Gebser의 연구일 것이다. 장 겝서가 제시한 발달 과정은 **태곳적**archaic 단계, **마법적**magic 단계, **신화적**mythic 단계, **합리적**rational 단계, **다원적**pluralistic 단계, **통합적** integral 단계로 이어진다. 겝서가 제시한 단계는 각 단계의 이름과 의미가 상당히 정확하게 일치한다는 점에서 멋지다고 할 수 있다. (나는 그가 제시한 가장 높은 단계를 둘로 나누었는데) 젭서 자신도 자신이 제시한 '통합적 단계'는 더 높은 단계(또는 '초超-통합적 단계super-integral'와 '자아초월 단계transpersonal')로 들어가는 시작에 지나지 않는다고 했다.

인지 발달 또는 자각하는 능력과 조망하는 능력이 발달하는 흐름을 살펴보면 발달 단계를 쉽게 이해할 수 있을 것이다. 〈도표 14〉에 포함되어 있는 인지 발달 라인은 마이클 코먼스Michael Commons와 프란시스 리처즈Francis Richards, 피아제Jean Piaget, 그리고 스리 오로빈도Sri Aurobindo의 연구를 합성한 것이다. 이 라인을 보면 마음이 **감각에 반응하는 단계**에서 시작해서 **구체적 조작단계, 형식 조작단계**를 거쳐, 보다 **상위 단계**의 마음으로 전개된 다음, **밝아진 마음**illumined mind, **직관적 마음**intuitive mind, 그리고 **오버마인드**overmind와 **수퍼마인드**supermind 단계로 발달해 나간다. 여기서 가장 높은 단계에 이르면 자아-초월 또는 영적인 전망을 갖기 시작하는 것에 주목할 필요가 있다.

다음으로 클레어 그레이브스Clare Graves 자신이 **가치 체계**value systems라고 부른 그의 연구와 그것을 대중화시킨 모델인 돈 벡Don Beck과 크리스토퍼 카원Christopher Cowan이 만들어낸 '스파이럴 다이내믹스 Spiral Dynamics'를 살펴보자. **마법적-정령적** 단계에서의 가치관은 말 그대로 '마법적'이고 '정령 숭배적'이다. 그때는 자연의 힘이 마법적으로 세상을 지배한다. **자기중심적** 단계에서는 자신의 힘을 발휘하는 것이 중심이 된다. 이 단계에 이른 사람의 가치관은 '나'와 '내 힘'에 초점이 맞추어져 있다. **절대주의적** 단계에 이르면 가치의 중심이 '나'에서 '우

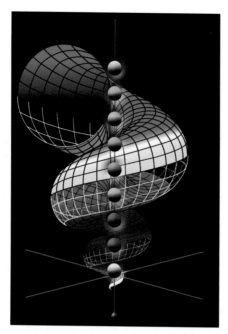

스파이럴 다이내믹스와 그것의 주요한 가치발달 수준에 대한
벤 라이트Ben Wright와 켄 윌버의 구상構想

리'로, 또는 자기중심적인 상태에서 민족중심적인 상태로 옮겨간다. 이
단계에서는 어떤 영원한 근원에서 주어진 것이라고 믿는(그것이 성경이
든지, 코란이든지, 아니면 모택동의 《붉은책Little Red Book》이든지 간에), 누
구에게나 절대적이고 엄격한 진실로 여겨지는 가치가 생긴다. 이것을
어기는 사람은 일시적으로 또는 영원히 형벌을 받는다. 이 단계를 가끔
'신화적인 멤버십' 단계라고 부르기도 한다. 민족중심적인 신화를 믿지

않으면 심각한 어려움을 당하는 단계이기 때문이다.

가치 체계는 신화적인 순응자 단계에서 다음 단계로 전환된다. 곧 민족중심적인 단계에서 세계중심적인 단계로 전개되는데, 그레이브스는 이것을 절대적인 단계에서 **다중적인**multiplistic 단계로의 전환이라고 부른다. 그 단계에는 엄밀하게 정확한 하나의 길이 아니라, 현실을 보는 다양한 견해가 존재하기 때문이다. 이것이 **전통적인 가치관**에서 **현대적인 가치관**으로의 전환이다. 다양한 가치관으로의 전환은 다양한 믿음이 상대적인 가치로 존재하는 다음 단계로 발전해 나간다. 그래서 그레이브스는 이 단계를 **상대적인**relativistic 단계라고 불렀다. **포스트모더니즘**과 **다원적**인 세계관이 이 단계의 전형이다. 이 단계의 가치관은 실제로 엄청나게 다원적이기 때문에 조각조각 떨어진 각 가치관이 소외된 개체가 되는 것으로 끝나는 경우가 종종 있다. 그래서 깊은 허무주의와 아이러니와 무의미에 빠지는 경우가 있다(여러분은 실제로 이런 것에 익숙하지 않은가). 다음 수준인 **체계적인**systemic 단계에 도달해야만 진정으로 통합적이고 응집력 있는 세계관이 최종적으로 출현하기 시작한다. 어떤 사회학자가 '**통합 시대**Integral Age'라고 부른 시대가 여기부터 시작된다. 클레어 그레이브스는 이 단계로의 전환을 (부분성의 특징을 지니고 있는) 제1층 가치 체계에서 (통합적인 특징을 지니고 있는) 제2층 가치 체계로의 전환이라고 부른다.

클레어 그레이브스는 발달 단계의 **제1층**과 **제2층**이 엄청난 차이가 있다는 것을 최초로 발견한 사람 중 하나이다. 그러면 무엇이 그렇게 엄청

난 차이가 나는가? 1층에 속하는 모든 단계에서는 자신의 가치 체계만
이 맞고 다른 사람의 가치 체계는 완전히 혼란스러운 것이라는 믿음이
지배한다. 하지만 진정으로 통합적인 수준인 2층으로 도약하면서부터
다른 사람들의 가치관과 그들이 통과하고 있는 단계도 그들 수준에서는
정당하고 맞는 것임을 이해하기 시작한다. 2층에는 다른 가치관들을 위
한 방이 준비되어 있으며, 거기에 도달하면 모든 가치 체계를 통합하여
이전의 가치관을 포괄하는 더 넓은 양탄자를 짜기 시작한다.

　이것은 여러 가지 점에서 아브라함 매슬로가 이전에 발견한 욕구의
도약과 그 내용이 동일하다. 매슬로는 **결핍에서 비롯된 욕구**에서 **존재
에 대한 욕구**(자아실현 욕구, 자아초월 욕구)로 도약이 일어난다고 했는
데, 그레이브스는 사실상 매슬로의 이 발견에 의미를 덧붙이는 시도를
한 것이다. 발달 과정에서 1층에서 2층으로 도약하는 것은 분열과 소외
에서 전체와 통합으로, 허무와 아이러니에서 깊은 의미와 가치로 도약
하는 것이다.

　제2층의 통합적인 발달은 '초超-통합적super-integral'또는 '초超-개
인적supra-personal'이라고 할 수 있는 제3층의 물결로 진행되어 나간다.
그레이브스의 체계를 더 확장한 제니 웨이드Jenny Wade는 **제3층**의 물
결을 두 단계로 나누고 각각 **자아초월**transpersonal 단계 그리고 **통일**
unitive 단계라고 불렀다.

　어떤 사람의 가치관은 **종족적인** 단계에서 **전통적인** 단계, **현대적인**
단계, **포스트모던(탈근대)** 단계, **통합** 단계, **초超-통합** 단계를 향해 계

속 성장하고 발달해 나간다. 이런 진화과정의 미래에는 더 상위 단계가 펼쳐질 수도 있을 것이다. 하지만 오늘날 우리의 문화는 전체적으로 제 1층에서 제2층으로 도약하려는 경계선 부근에 있다. 아마 머지않은 장래에 포스트모던 단계에서 통합 단계로의 도약이 일어나리라 본다.

로버트 키건Robert Kegan의 **의식의 질서**orders of consciousness에 대한 연구는 아마 가장 널리 알려진 것 가운데 하나일 것이다. **자아발달 단계**에 대한 제인 뢰빙거의 정교한 이론 역시 그럴 것이다. 〈도표 14〉에 이들의 견해가 포함되어 있다.

뢰빙거의 제자이자 후계자인 주자네 쿡-그로이터Susanne Cook-Greuter 는 자아발달의 제3층 수준 연구에서 중요한 업적을 남겼는데, 이것도 〈도표 14〉에 포함되어 있다(로버트 키건, 돈 벡, 주자네 쿡-그로이터는 모두 통합연구소의 창립 멤버들). 〈도표 14〉에 나오는 용어의 의미를 잘 모르겠다고 해서 걱정할 필요는 없다. 알고 있는 범위에서, 단순하게 이런 저런 발달 단계 구분이 있다는 것 정도만 인지해도 된다.

지금으로서는 〈도표 9〉와 〈도표 10〉이 보여주는 모든 흐름에 주목하면서, 성장의 1층 물결에는 前전개인적인 단계에서 개인적인 단계로의 발달이 포함되어 있고, 2층 물결에는 통합적인 단계로의 발달이 포함되어 있으며, 3층 물결에는 자아초월적인 발달 단계(또는 '초超-통합' 단계가 시작되는 수준)가 포함된다는 것 정도만 대충 이해해도 된다.

전체적으로 진화 또는 발달은 前전개인 단계에서 개인적인 단계를 거쳐 초超개인 단계로, 잠재의식에서 자아의식을 거쳐 초월의식으로,

전前이성 단계에서 이성단계를 거쳐 초超이성 단계로, 전前관습 단계에서 관습 단계를 거쳐 탈脫관습 단계로, 이드에서 에고를 거쳐 영Spirit으로 전개된다. 제3층 또는 자아초월 단계에 이르면 자아가 개인 영역 너머의 광대한 영역, 밝고 명료한 영역, 통일성을 체험하는 영역, 영적인 향취로 충만한 영역으로 확장된다. 이 영역은 단순히 개념과 이론적인 믿음뿐인 마법적-신화적 수준과는 달리 감각과 이성을 거치지 않는 직접체험과 즉각적인 자각이 현존하는 수준이다.

## 전前/초超 오류

여기서 잠깐 생각해볼 것이 있다. 많은 연구자들이 인지 발달, 도덕성 발달, 자아 발달의 **최고** 단계에는 자아초월적인 또는 영적인 기미가 있음을 발견했다. 이것을 일단 **최고 수준의 영성**이라고 부르고, '영적'이라고 할 때의 의미가 그것이라고 하고 이야기를 해나가자(우리는 영성의 이 양상을 초超이성 또는 **자아초월적 영성**이라고도 부를 것이다).

영성에 대해서 이야기하기 전에 이상하고 흥미로운 사실을 하나 더 지적해둘 게 있다. 초超이성과 초超개인 단계의 어떤 모습은 전前이성과 전前개인 단계의 어떤 모습들과 아주 비슷하다. **전**前관습 단계와 **탈**脫관습 단계는 둘 다 관습적이지 않다. 그래서 훈련받지 않은 눈으로 보면 구별하기가 어렵고 심지어 똑같은 것처럼 보이기까지 한다.

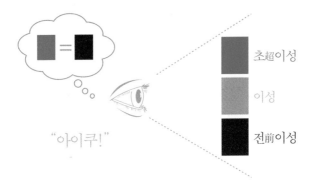

초超이성

이성

전前이성

"아이쿠!"

　전前이성 단계와 초超이성 단계도 둘 다 이성적이지 않기 때문에 혼동된다. 에고 이전 단계와 에고를 초월한 단계도 둘 다 에고가 없다는 이유로 혼동된다. 둘 다 비언어적이라는 이유로 언어 이전 단계와 언어를 초월한 단계도 혼동된다. 이런 식의 많은 혼동이 있다.

　이런 혼동을 **전/초 오류**(또는 **전/후 오류**)라고 한다. 이런 오류에 빠지면 두 가지 큰 실수를 범하게 된다. (프로이드처럼) 초超이성적인 것을 전前이성적인 유치한 헛소리로 환원시키든지, (융처럼) 전前이성적인 유아적인 이미지와 신화를 초超이성적인 영광으로 격상시키는 것이다. 환원주의와 격상주의는 둘 다 처음부터 영성에 관한 논의에 재앙이 된다. 그래서 통합적인 접근이 진정으로 공헌할 수 있는 것 가운데 첫째가 환원주의와 격상주의의 악몽에서 깨어나게 하는 것이라고 할 수 있다.

## 전前이성 단계의 신화적인 신神과
## 초超이성 단계의 통일적인 영靈

적어도 의미 있는 과학적이고 경험적인 연구에 따르면 확실히 대비되는 발달 단계가 있다는 것 정도는 인지할 필요가 있다. 전前이성적이고, 유치하고, 전前관습적이고, 나르시스적인 환상에 빠져 있는 단계가 있으며, 탈脫관습적이고, 초超이성적이고, '초월적인 자기' 자각적이며, 후後자율적이고, 초超개인적인 자각이 있는 단계가 있다. 앞 단계(예를 들어, 마법적-정령적 단계나 신화적-멤버십 단계)에서는 궁극적인 실재가 하늘에 앉아 있는 흰 머리카락과 수염이 있는 할아버지, 생물학적인 처녀의 몸에서 태어나서 물 위를 걷는 사람, 또는 태어날 때 이미 900살이었던 늙은 도인과 같은 모습으로 그려진다. 그리고 이런 전前이성적인 신화들이 모두 문자적으로 틀림이 없는 진실로 받아들여진다. 그러나 뒤 단계 또는 탈脫관습적 단계에서는 궁극적인 실재가 존재의 비이원非二元적인 근거, 무시간적인 현재 상태, 또는 (전前이성이나 반反이성이 아닌) 후後이성적인 의식의 통일 상태 등으로 묘사된다. 이 둘의 차이는 밤과 낮의 차이와 같으며, 그 사이에 새벽 역할을 하는 이성이 있다.

인간의 발달을 과학적으로 탐구한 결과를 종합해보면, 우리가 적어도 3개의 폭이 넓은 호弧를 그리며 심리적으로 발달해 나간다는 것을 알 수 있다. 그것을 전前개인적-개인적-초超개인적, 또는 전前이성적-이성적-초超이성적, 또는 잠재의식-자아의식-초超의식 등으로 정리

할 수 있다. 이들 각 호 안에 포함된 단계들은 이전 단계를 **품고 초월하여** 다음 단계로 나아가는 방식으로 계속 전개된다. 새로운 수준이 **펼쳐질** 때마다 그것은 이전 수준을 **품고** 전개된다. 발달development은 이렇게 품고 전개envelopment된다. 원자에서 분자로, 분자에서 세포로, 세포에서 유기체로 발전하는 것처럼 이전 수준을 품고 전개되는 과정에는 이전 단계들이 축적되는 효과가 생기는데, 그것이 곧 통합이다. 그래서 감싸고 펼쳐지기, 품고 발달하기, 포함하고 초월하기, 보존하고 부정하기가 일어나는 과정에서 아무것도 유실되지 않고 모든 것이 보존된다. 의식의 진화는 이렇게 진행된다.

이 시점에서는 과연 '진정한' 영Spirit 또는 존재의 근본바탕Ground of Being이 실제로 존재하는지 어떤지에 대해서는 논의를 하지 않겠다. 다만 여기서는 인간 발달에 3개의 커다란 호arc(또는 아주 약간 다른 의미이지만 3개의 큰 층)가 과연 있는지에 대해서만 알아보고자 한다. 인간 발달의 전체 과정을 경험적으로 세심하게 연구한 이들의 결론을 종합해보면 그 답은 **그렇다**이다. 초超의식 단계와 자아초월적인 자각을 부정하는 사람은 과학적인 증거를 전면으로 부정하는 것이다. 솔직히 말해 자기들은 거기에 무엇이 있는지 '이미 알고 있기' 때문에 갈릴레오의 망원경을 들여다보기를 거부했던 성직자들을 진지하게 다룰 필요가 없는 것처럼, 우리는 더 이상 과학적인 증거를 부정하는 이들의 견해를 고려할 의무가 없다.

만약 모든 질문 중에 가장 매혹적인 질문, 곧 모든 현상의 배후에 존재의 근거, 진짜 영, 진짜 신성이 있는지 없는지를 물으려면 발달의 가장 높은 자아초월 수준에 있는 사람에게 묻는 것이 가장 현명한 처사가 아닐까? 만약 그들에게 묻는다면, 그들은 뭐라고 대답할까?

거듭 말하지만, 3개의 대원호大圓弧는 저마다 자기 차원의 궁극적인 진실을 지니고 있다. 이성적인 단계를 향해 나아가는 과정에 있는, 1번째 원호에서의 궁극적인 진실은 자연 속에 있는 **마법적**이고 **신화적**인 힘이다. 여기서 솔직해질 필요가 있다. 세계의 주요한 종교가 가르치고 있는 교의敎義의 80% 정도는 여기에 속할 것이다. 일본의 신도神道에서 부터 기독교, 이슬람교, 유대교, 힌두교, 불교, 도교에 이르기까지 그렇다. 여기에는 뉴에이지의 여러 마법적인 요소들도 포함된다.

인간의 발달은 비非종교적이고 심지어 반反종교적인 것처럼 보이는 시대로, 곧 2번째 원호 단계인 개인적이고 이성적인 단계로 들어간다. 여기서는 인류의 고통을 줄이고 수명을 연장한다는 명목의 놀라운 문명의 이기를 동반하고, 합리적인 과학이 전면에 등장한다. 합리적인 과학은 질병, 굶주림, 유아 사망률 등을 줄이는 데 있어서 전前이성적이고 신화적이고 종교적인 시대 전체를 합한 것보다 더 큰 공헌을 했다. 여기서 논점은 과학의 오용이 아니라, 과학의 긍정적인 기여가 어마어마하게 많고 이를 부정할 수 없다는 것이다.

2번째 원호의 시대는 과거에 종교적이고 영적으로 보였던 모든 것을 고풍스러운 성물聖物의 역사로 정리한 다음 3번째 원호의 시대를 향해 나아간다. 이성적인 자각을 통해 얻은 것 위에 세워진 건물을 더 큰 원 안에 포함하면서 그것을 초월하기 시작한다. 그래서 더 넓은 관심과 의식 영역으로 발달해 나간다. 여기서는 궁극적인 실재가 1번째 원호의 컬러인 의인화된 개념이나 2번째 원호의 컬러인 합리적인 개념이 아니라 존재Being, 비어 있음Emptiness, 의식Consciousness, 그러함Suchness 등의 개념으로 표현된다. 존재의 근거; 우주적인 의식; 비이원적인 그러함; 광대하고, 열려 있고, 비어 있는 찬란한 명료함; 거울처럼 스스로를 비추는 자각; 삼위일체의 무엇보다 앞서는 신성; 순수하고, 무한하고, 초월적인, 자아가 없는 참 자아; 한정되지 않고, 넓고, 빛을 발하는, 그저 그러함처럼 어떤 막힘도 없고, 뭐라고 규정할 수 없는 의식; 시간도 없고, 끝도 없는 영원한 현재 또는 지금; 어떤 생각도 없이, 그러나 지금 이 페이지를 읽고 있는 사람처럼 단순하고 명료하게, 또는 울새의 지저귀는 소리처럼, 또는 뜨거운 여름날 시원한 아이스티의 첫 모금을 들이마시는 순간처럼, 모든 것이 매순간 그저 그러함 등의 표현이 그 예이다.

이것은 여러분의 아버지나 어머니의 종교가 아니다. 그대들의 할아버지와 할머니의 종교는 더더욱 아니다. 그런데 이 3번째 원호/층에 도달한 많은 사람들의 보고에 따르면 그들이 체험한 자아초월적인 실재역시 무한하고/영원한 '모든 존재의 근본바탕'의 한 모습이라는 것이다. 그러나 이 자아초월적인 실재는 인류의 의식발달 스펙트럼에서 전前개인적이고 전前이성적인 원호 단계의 마법적이고 신화적인 개념의 '반대편 끝'이다. 진정으로 이 둘의 차이는 밤과 낮의 차이와 같다. 절대로, 최소한 이 둘을 같은 것으로 혼동하면 안 된다.

그러나 이걸 혼동하는 가장 분명한 예로 대중매체를 들 수 있다. 그

들은 이전과 초월을 완전히 혼동하고 있다. 그들은 어떤 초개인적인 비이원적 영성을 어떤 예의도 갖추지 않고 전前개인적인 쓰레기통에 쓸어 넣는다. 그들이 알고 있는 유일한 영성은 전부 전前이성적인 것들일 뿐이다.

(신문과 잡지는 이런 현상을 더욱 악화시킨다. 그들이 알고 있는 종교는 골수 근본주의와 괴짜 뉴에이지, 이 둘밖에 없다. 물론 근본주의와 뉴에이지는 둘 다 전前이성적이다. 근본주의자들은 앰버 색 교리와 신화를 믿고, 뉴에이지 추종자들은 마젠타 색 마법을 믿는다. 신문과 잡지는, 예를 들면 자아초월 심리학처럼 자아초월적인 지향성을 갖는 모든 것을 괴짜 뉴에이지와 함께 도매금으로 싸잡아 취급한다. 사정이 이러함에도 뉴에이지 추종자들은 이 문제를 심각

하게 생각하지 않는다. 신문과 잡지가 알고 있는 '영적인' 사람은 오직 조지 부시와 오사마 빈 라덴 둘뿐이며, 그들은 둘 중에 누가 더 위험한지조차 그려내지 못하고 있다.)

실상은 이렇다. 보수주의자들은 1번째 원호를 지지하는 경향이 있고, 자유주의자들은 2번째 원호를 지지하는 경향이 있다. 그들 중 어느 누구도 어렴풋하게나마 3번째 원호를 의식하는 사람이 없다. 그래서 그들은 3번째 원호를 완전히 무시든지, 아니면 앞서 말한 것처럼 1번째 원호와 완전히 혼동하는 **전/초 오류**에 빠진다.

실제로 밤과 낮이다. 그래서 이 이야기를 반복할 가치가 있다고 본다. 적어도 신문과 잡지가 완전히 다른 두 종류의 '비이원적인 영성'(이전/초월)이 있다는 것만이라도 알아차렸으면 좋겠다. 아니면 독자 가운데 누구라도, 신문과 잡지에 부화뇌동하지 않고 차분히 생각할 수 있는 사람이 있으면 좋겠다.

"영적인, 그러나 종교적이지 않은." 이 말은 아마 3번째 원호를 언급할 때 가장 많이 쓰는 표현 가운데 하나일 것이다. 3번째 원호의 체험을 말하는 사람들이 자아초월적인 물결에 영속적으로 머물지는 못할지라도, 그들 가운데 많은 사람이 자아를 초월한 상위의 실재를 직관적으로 알아차리고 있는 것처럼 보인다. 그들은 자기중심적이고 마법적인 종교나 민족중심적인 신화적 종교를 원하지 않는다. 그들은 교리와 신조, 그리고 개념적인 믿음에 젖어 있는 것을 원치 않는다. 그들은 언어와 개념을 넘어선 직접 체험을 원한다. 그들은 마음을 넘어서고, 이성을 넘어서고, 관습을 넘어선 영성을 원하며, 그런 영성을 즉각적으로 자각하며 그 찬란한 의식 속에 머물기를 원한다. 그들은 진정으로 **영적인, 그러나 종교적이지 않은** 사람들이다. 그들은 둘이 아니고, 비어 있고, 열려 있으며, 광대하고, 무한하며, 뭐라고 규정할 수 없는 '그것 Thusness'을 직접 자각한다고 말한다. 여러분이 그 특별한 장미를 뭐라고 부르든지 간에, 그들은 그것을 직접 체험하기를 원한다.

## 다시, 전/초 오류

내 표현이 지나친 것을 용서해주기 바란다. 하지만 '신'이나 '영', 또는 '절대적인 실재'에 관한 논의 전체가 어마어마할 정도로 전/초 오류에 사로잡혀 있는 상황에서 전개되고 있는 현실은 정말 어처구니가 없을 정도이다. 전前이성적인 영성과 초超이성적인 영성은 둘 다 '비非이성적'이기 때문에 아주 비슷해 보인다. 훈련을 받지 않은 눈에는 심지어 똑같아 보이기까지 한다. 그래서 전/초 오류에 빠져 있는 사람은, 이 두 영성이 실제로는 극과 극임에도 불구하고 기본적으로 같은 것이라고 생각한다. 밤과 낮을 혼동하면 초超이성 단계의 비이원적인 의식과 전前이성 단계의 신화적인 신을 완전히 혼동하게 된다. 초超이성 단계의 비이원적인 의식은 그것이 나타나는 모든 정황에서 궁극적인 자유와 충만함과, 소외와 분열과 고통으로부터 해방을 가져다준다. 반면에 전前이성 단계의 신화적인 신은 어떤 역사를 보더라도 인간이 만들어낸 수많은 고통의 원인으로 작용했다. 그래서 이 둘을 혼동하는 것은 우리를 해방시키는 길과 인류가 겪은 대부분의 비참함을 빚어낸 원인을 혼동하는 것이다. 그래서 고통의 원인인 것처럼 보이는 것에서 도망가려는 시도가 실제로는 구원의 길을 등지고 다시 고통의 원인 속으로 들어가는 꼴이 되고 만다.

이것은 매우 불행한 일이다. 그럼에도 불구하고 신문이나 잡지는 물론 종교 자체와 문화 전반에서 이런 혼동이 일어나고 있다. 하지만 **IOS로 혼동을 종식시킬 수 있다.** 단순히 AQAL에서 '수준levels' 측면만 살펴봐도 두 종류의 영성 사이에 엄청나게 중요한 차이가 있다는 것을 알 수 있을 것이다. 그러면 그 정보를 이용해서 다음 방도를 모색할 수 있을 것이다.

동시에, 사람들이 발달의 어느 수준에 있는지를 정직하게 살펴볼 필요가 있다. 이에 관한 여러 연구결과는 **세계 인구의 70% 정도가 민족 중심적인(또는 낮은) 발달 수준에 머물고 있음**을 변함없이 보여준다. 다시 말해 현재 세계 인구의 70% 정도가 신화적인 단계, 앰버 색 단계, 순응자 단계 또는 그 아래 단계에 머물러 있는 것이다(p.114~115 〈도표 14〉의 앰버 단계 참조). 달리 표현하자면, 세계 인구의 70% 정도가 영적인 지향성 측면에서 근본주의자라고 할 수 있다. 대략 30% 정도는 2번째 원호(오렌지에서 터콰이즈까지)에 머물고 있으며, 자아초월 단계에 안정적으로 머물러 있는 사람은 1%에 채 미치지 않는다. 그러나 자아초월 단계는 분명히 존재하고 있으며, '통합적인 삶을 위한 훈련 Integral Life Practice, ILP' 같은 자기변형 훈련을 받기를 원하는 사람들에게 언제나 열려 있다(ILP의 세부사항은 6장에 있다).

그러므로 어떤 라인에서든 가장 높은(또는 제3층) 수준이 '**영성**Spiri-tuality'이다. 이것이 '영성'의 1번째 의미이다. 그러면 이제 발달 라인을 따라가면서 영성을 점검해보자.


## 영적인 지능: 발달 라인을 따라 체크해보자

3번째 원호arc 또는 3번째 층tier(3번째 원호와 3번째 층은 기본적으로 같은 단계, 곧 자아초월적인 단계들이다. 하지만 2번째 층과 2번째 원호는 약간 다르다. '2번째 층'은 처음으로 통합적이 되는 수준[곧 틸과 터콰이즈]인 반면에, '2번째 원호'에는 좀 더 넓은 범위의 수준들 곧 개인적인 수준들[대충 오렌지에서 터콰이즈까지]이 포함된다. '원호'와 '층'은 구분하는 방식에서 차이가 날 뿐 동일한 발달 단계를 다루고 있다)에 안정적으로 머물고 있는 사람이 실제로 1%밖에 되지 않는가? 그렇다. 어떤 방식으로 구분하든지, 역사의 이 시점에서는 자아초월적인 단계 또는 자아초월적인 의식의 물결까지 성장하고 진화한 사람은 그리 많지 않다.

그럼 전 세계 인구의 1%도 되지 않는 사람들만이 진정으로 영적이란 말인가? 또는 다른 각도에서 보아, 어떤 식으로라도 진정으로 영적

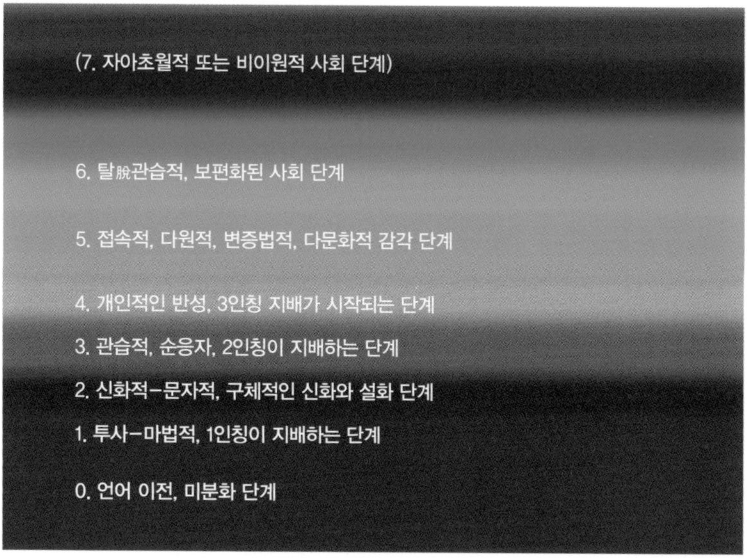

(7. 자아초월적 또는 비이원적 사회 단계)

6. 탈脫관습적, 보편화된 사회 단계

5. 접속적, 다원적, 변증법적, 다문화적 감각 단계

4. 개인적인 반성, 3인칭 지배가 시작되는 단계

3. 관습적, 순응자, 2인칭이 지배하는 단계

2. 신화적−문자적, 구체적인 신화와 설화 단계

1. 투사−마법적, 1인칭이 지배하는 단계

0. 언어 이전, 미분화 단계

**도표 16** | 파울러의 영적 지능 단계

인 의식을 가지려면 인디고나 그보다 상위 차원에 있어야만 하는가? 분명히 그렇지 않다. 여기에 뭔가 잘못된 게 있다.

실제로 무엇인가 있다. 우리는 아직 AQAL의 모든 면을 살펴보지 못했다. 영성을 4분면, 수준, 라인, 상태, 그리고 타입 차원에서 완전히 훑어보지 못했다. 그러니 이제 '라인' 차원에서 살펴보자. 발달 라인 중에 **영성 발달 라인**이 있는가? **영적인 지능**spiritual intelligence이라는 것이 있는가?

대답은 '거의 확실하게 있다'이다. 제임스 파울러James Fowler는 기초가 되는 일련의 연구를 통해서 영성 발달 라인의 몇 가지 기본적인 단계를 그려냈다. 여기서 잠깐 그가 그려낸 라인들을 주의 깊게 살펴보자. 이렇게 하는 이유는, 여러분이 이 중요한 흐름의 어떤 단계에 있는지 스스로 물어보라는 뜻이다.

다음의 요약과 〈도표 16〉이 파울러가 제시한 영적 지성(지능)의 단계이다. 놀라운 사실이 아니지만, 파울러의 단계 구분이 일반적으로 태곳적, 마법적, 신화적, 합리적, 다원적, 통합적(그리고 초超-통합적) 단계로 구분하는 것의 변형이라는 것에 주목하기 바란다.

**파울러Fowler의 단계:**

0. 언어 이전, 미분화 단계
1. 투사-마법적, 1인칭이 지배하는 단계
2. 신화적-문자적, 구체적인 신화와 설화 단계
3. 관습적, 순응자, 2인칭이 지배하는 단계
4. 개인적인 반성, 3인칭 지배가 시작되는 단계
5. 접속적, 다원적, 변증법적, 다문화적 감각 단계
6. 탈脫관습적, 보편적인 사회 단계
(7. 자아초월적 또는 비이원적 사회 단계)

이들 용어의 대부분은 그 의미가 분명하다고 보는데, 진행해가면서 설명이 필요한 새로운 개념이 등장하면 그 뜻을 밝힐 것이다. 요점은 간단하다. 이용할 수 있는 많은 증거에 의하면, 어떤 종류의 영성을 지니기 위해서 꼭 어떤 라인의 최고 수준에 있어야만 하는 것은 아니라는 것이다. 진정으로 영적인 변성의식 상태나 절정체험(이에 대해서는 뒤에 잠시 다룰 예정)뿐만 아니라 영성 자체도, 최상위 단계에서만 발현되는 것이 아니라 의식의 **모든** 수준을 통과하면서 성장하고 발달한다. 달리 말해, **최고 수준의 영성**(그리고 최고 수준의 **변성의식 상태**)이 있을 뿐만 아니라, **영적인 지능**이라는 **발달 라인**을 따라가며 각 수준에서 발현되는 영성도 있다.

영성 라인의 발달은 대부분의 다른 지능 라인들과 마찬가지로 아주 어린 시절부터 시작되는 것처럼 보인다. 하지만 성인이 되어서도 영성 라인의 발달이 1단계에 머물러 있을 수도 있다. 그럼에도 불구하고 그 단계의 영적인 지성, 지능 또는 영적인 자각은 늘 존재한다.

그렇다면 영적인 지성이라는 말이 도대체 영성의 어떤 양상 또는 영성의 어떤 차원을 일컫는 것인가? 그 양상을 어떻게 정의할 수 있을까?

조사 형태와 다루는 결과의 차이에 따라서, 연구자들마다 서도 다른 방식으로 영적인 지성에 대한 정의를 내린다. 하지만 '어떤 사람의 **궁극적인 관심**이 곧 영적인 것'이라는 폴 틸리히Paul Tillich의 말이 가장 단순하고 쉬운 정의 가운데 하나일 것이다. 여러분이 1살 때에는 여러분의 궁극적인 관심이 '어디서 먹을 것을 얻을 수 있나'였을 것이다. 그러나 어떤 자각이나 피상적인 의미라도 가지고 있지 않은 적은 없다. 타고난 여러 가지 지능이 발달하는 것과 마찬가지로, 인간이란 유기체도 궁극적인 관심을 다룰 수 있도록 그 능력이 발달하는 것처럼 보인다.

궁극적인 관심이 영성의 양상이나 차원이라면, 모든 사람이 종교를 가지고 있는 셈이 된다. 만약 여러분이 영성 라인의 오렌지 수준(개인적인 반성 수준)에 있다면, 여러분의 궁극적인 관심은 "논리는 스팍spock(〈스타트렉Star Trek〉에서 감정보다 늘 논리와 이성을 앞세우는 인물_역주)의 종교다"라는 말이 암시하는 것처럼 매우 질서정연하고 합리적인 모습을 취하게 될 것이다. 여러분은 어떤 수준의 영성이라도 지니지 않을 수 없다. 여러분은 다음과 같은 영성을 지닐 수 있다.

- 태곳적 영성(음식/섹스에 대한 집착)
- 마법적 영성(부두교, 산테리아교)
- 신화적 영성(근본주의, 신화적 멤버십의 신/여신)
- 합리적 영성(과학적 물질주의, 이성중심주의)
- 다원적 영성(모든 것에 대한 대답으로서의 포스트모더니즘, 다원주의)
- 시스템적 영성(심층 생태학, 지구사랑Gaiasophy)
- 통합적, 초超-통합적 영성(AQAL)

그리고 기타 등등. 잊지 말아야 할 것은, 어떤 지능이라도 발달 라인에서 어떤 수준의 내용은 사람에 따라서 그리고 문화에 따라서 가지각색인 경우가 많다는 사실이다. '수준'은 어떤 사람의 궁극적인 관심이 무엇인지를 보여주지 않는다. 단지 궁극적인 관심이 무엇이 되었든지 그것을 지향하는 의식의 발달 정도와 복합성 정도만 보여준다.

그러면, **여러분은 어떤 수준level의 신을 믿는가?** 먹을 것이 여러분의 궁극적인 관심인가? 그렇다면 어떤 음식인가? 물질적인 음식, 정서적인 음식, 정신적인 음식, 자아초월적인 음식. 이 가운데 어떤 것인가? 여러분의 **실재reality의 고도高度는 얼마인가?** 여러분의 신은 어느 높이에 있는가?

한 마디로 말해, **여러분은 무엇을 숭배하는가?** 이것은 진정 의미있는 질문이다.


## 상태states와 단계stages

이쯤 되면 AQAL 모델(또는 IOS)이 영성을 이해하는 데 얼마나 유용한지 눈치챌 수 있을 것이다. 영성에 2가지 양상, 곧 최상위 수준의 영성과 발달 라인 영성이 있다는 것을 논의했지만, 이 두 영성은 여러 가지 점에서 모순되는 것처럼 보인다. 예를 들어 최상위 수준의 영성을 영성이라고 생각하는 사람들은 어린아이들에게는 어떤 종류의 진정한 영성도 없다고 주장하지만, 발달 라인 영성을 영성이라고 생각하는 사람들은 어린아이들에게도 영성이 있다고 주장한다(여러분은 소득 없는 이 논쟁으로 학계에서 얼마나 밥그릇 싸움을 벌이고 있는지 믿지 못할 것이다).

## 자연
### 신비주의
**Nature Mysticism**

## 신성
### 신비주의
**Deity Mysticism**

## 무형
### 신비주의
**Formless Mysticism**

이 논쟁을 다른 방식으로 다루어보자. 우리는 100% 모든 사람이 영적인 지성을 지니고 있음을 보았다. 그러나 어떤 라인에서든 최상위 수준의 영성에 도달한 사람은 1%도 채 되지 않는다. 만약 '영적'이라는 말을 '어떤 라인이든 그 라인의 최상위 수준'을 가리키는 말로 사용한다면 영성의 최상위 수준만이 영적이다.

이해가 되는가? '영적'이라는 똑같은 말이 완전히 다른 두 가지 방식으로 사용된다. 따라서 우리가 만약 AQAL 모델(또는 비슷한 그 무엇)에 그 위치를 정확하게 확정하지 않는다면, 철저한 모순 속에서 어찌할 바를 모를 것이다. 아니면 최소한 상당히 혼란스러울 것이다.

이 혼동은 시작에 불과하다. 사람들은 일반적으로 영성의 또 다른 양상을 일컫는 말로, 또는 수준이나 라인과는 관련이 없는 맥락에서 다른 방식으로 '영성'이라는 말을 사용한다. 그중 하나가 **절정체험, 변성의식 상태, 종교적인 체험, 그리고 명상 상태**같이 영적인 것처럼 보이는 의식 상태를 일컬을 때 이 말을 사용하는 것이다. 이런 것은 실제로 사람들이 일반적으로 영성을 생각할 때 머리에 가장 먼저 떠올리는 것들 가운데 하나이다. 물론 우리는 이런 일시적인 종교적인 현상이나 영적인 현상도 결코 논의에서 제외시키지 않을 것이다.

우리는 실제로 100% 모든 사람에게 영적인 지성이 있으며, 그 가운데 1%가 채 되지 않는 사람들만이 영성 라인의 최상위 수준에 있음을 살펴보았다. 그러면 상태의 경우는 어떤가? 영적인 상태가 얼마나 자주 일어나는가? 자, 여러분이 마지막으로 높이 올라갔던 때가 언제인가?

이런 방식으로 한번 살펴보자. 연구 결과는 여러분이 성장의 어느 수준 또는 어느 단계에 있든지 간에 심오하고 확실한 종교적인 체험, 절정체험, 또는 변성의식 상태를 경험할 수 있다는 것을 변함없이 보여준다. 그것을 우리는 2장에서 "이런 절정체험이 가능한 이유는 주요 의식 상태(이를테면 깨어 있는-거친 상태, 꿈꾸는-정묘한 상태, 형태가 없는-원인적인 상태와 같은)의 대부분이 늘 현존하고 있기 때문이다"라고 말한 바 있다. 자연적인 여러 가지 의식 상태처럼 어떤 종교적이고 영적인 상태들도 늘 현존하고 있는 것처럼 보인다. 또는 적어도 언제나 접근이 가능하도록 열려 있는 것처럼 보인다.

깨어 있는 의식 상태에서 경험할 수 있는 전형적인 영적인 상태 또는 절정체험은 무엇일까? 가장 전형적인 것은 아마 자연 속을 거닐다가 주변의 모든 것들과 하나가 된 듯한 경험을 하는 절정체험일 것이다. 이런 체험을 **자연 신비주의**라고 하자. 꿈꾸는 의식 상태에서 경험하는 영적인 체험은 어떤 것일까? 여러분은 꿈속에서 빛나는 거대한 구름을 볼 수도 있고, 거기에서 사랑의 빛이 방사되는 것을 경험할 수도 있으며, 심지어 무한한 사랑과 하나되고 있음을 느낄 수도 있다. 이런 체험을 **신성**神性 **신비주의**라고 하자. 꿈도 없는 깊은 무형의 의식 상태에서도 어떤 영적인 체험이 가능할까? 가능한 것처럼 보인다. 어떤 영적인 또는 종교적인 체험을 비어 있음, 형상 없음, 드러나지 않음 또는 공空, 심연, 우르그룬트Urgrund, 아인Ayin 등으로 표현하는 것을 보면 그렇다. 이런 체험을 **무형**無形 **신비주의**라고 부르자. 끝으로 모든 것과 하나된 것처럼 느껴지는 몰입flow 상태가 있다. 이런 체험은 어떤 단계에서 나 있을 수 있는데, 그것을 '비이원적 신비주의'라고 하자.

요점은 여러분이 발달의 어떤 단계에 있더라도 이런 영적인 상태들 가운데 어떤 것이라도 체험할 수 있다는 것이다. 여러분이 어떤 단계에 있든지 그 단계에서 깨어 있는 의식 상태, 꿈꾸는 의식 상태, 그리고 깊이 잠든 의식 상태에 있을 수 있기 때문이다. 예를 들어 여러분이 어떤 발달 라인에서 오렌지 수준에 있다면, 그 수준에서 밀도가 높은 절정체험, 정묘한 절정체험, 원인이 되는 또는 비이원적인 절정체험을 할 수 있다.

지난 30여 년간 단계와 상태의 관계를 조사한 연구자들은 대단히 중요한 것을 배웠다. 그들이 배운 것은, 여러분은 여러분이 도달해 있는 의식 **단계**(또는 수준)에서 영적인(명상적인, 변형된) **상태**를 해석할 것이라는 사실이다. 다시 말해 여러분의 발달의 **높이**에서 해석할 것이다(물론 실제로는 그 사람의 전체 AQAL 매트릭스에 따라서 자신의 체험을 해석할 것이다. 하지만 수준/단계는 전체적인 해석에서 특별히 중요한 요소로 작용한다. 여기서 우리가 강조하는 바가 바로 그것이다).

의식 발달 단계를 단순히 7수준(태곳적, 마법적, 신화적, 합리적, 다원적, 통합적, 초超-통합적)으로 나누고, 그것을 4가지 형태의 의식 상태(밀도가 높은, 정묘한, 원인이 되는, 비이원적인)와 조합할 경우 4×7 곧 28종류의 영적인 또는 종교적인 체험이 있게 된다. 그리고 우리는 그 28가지 체험 모두에 대한 증거를 발견했다.

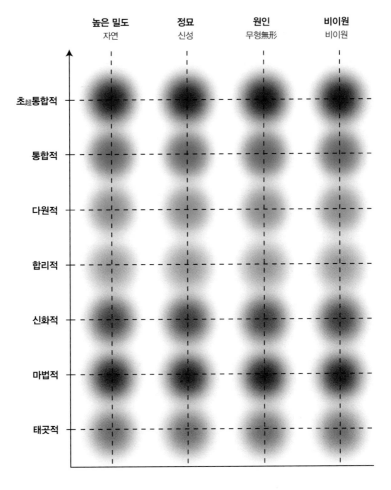

**도표 17** | 윌버-콤스 격자

상태와 단계의 조합으로 만들어진 이 격자lattice에 이것을 만든 두 사람의 이름을 따서 **윌버-콤스 격자**Wilber-Combs Lattice라는 이름을 붙였다(처음에는 '콤스-윌버 격자'라고 했는데, 내가 앨런 콤스Allan Combs에게 그 발음이 우스꽝스럽다는 설명을 한 몇 달 후에 '윌버-콤스 격자'라고 이름을 바꾸었다).

이 격자를 어떻게 활용할 수 있는지 간단한 예를 들어보자. 만약 어떤 사람이 백색으로 밝게 빛나는 구름을 보는 절정체험을 했다고 치자. 그 구름이 어떤 때는 사람 모습처럼 또는 빛으로 된 존재처럼 보이기도 하고, 자기가 그 빛 속으로 들어가 융합되는 것 같은 느낌과 함께 무한한 사랑과 희열을 느꼈다고 하자. 그런데 이 사람이 개신교인이라면, 그의 좌-하 4분면이 그가 자기 체험을 어떻게 해석할지 예견할 수 있게 해준다. 그는 분명히 기독교 용어를 사용해서 자기 체험을 설명할 것이다. 그런데 그는 무엇을 볼 수 있을까?

만약 그가 **레드** 높이에 있다면 그는 물 위를 걷고, 죽었다가 살아나고, 물로 포도주를 만들고, 빵과 물고기를 불리는 마법적인 예수를 볼 것이다. **앰버** 높이에 있다면 영원한 법을 주는 자, 신화와 교리를 믿고 선택한 백성들에게 내린 율법과 규례와 언약을 따르는 사람 그리고 단 하나의 유일한 책(성경)을 믿는 사람을 온전히 구원하는 자로서의 예수를 볼 것이다. **오렌지** 높이에 있다면 보편적인 박애주의자, 그러면서도 신적인 존재, 세계중심적인 사랑과 도덕을 가르치는 자, 하늘에서 뿐만 아니라 이 땅에서도 이번 생에 어느 정도 구원을 가져다주는 자로서

의 예수를 볼 것이다. **그린** 높이에 있다면 그가 보게 될 예수의 모습은 많은 이들 중에 하나, 여러 영적인 스승들 가운데 하나일 것이다. 그는 진정한 영적인 길에 충분히 깊이 들어가면 모든 길이 다 동일한 구원 또는 해방을 가져다준다는 것을 안다. 그러나 다른 사람과 다른 문화는 각자 자기에게 더 좋은 영적인 길을 택하겠지만, 자기는 온전한 구원을 위해서 예수를 선택했기 때문에 열심히 그 길을 가겠다고 생각할 것이다. 이 사람이 만약 **터콰이즈**turquoise 높이로 올라가면 예수를 여러분과 나를 포함한 모든 사람이 접근할 수 있는 그리스도-의식Christ-consciousness의 한 현현顯現으로 볼 것이다. 그에게는 예수가 우리 모두를 휘감고, 상호 관통하면서, 밝은 빛을 발하며 역동적으로 흐르는 광대한 시스템의 일부로 보는 변형된 의식의 상징이 될 것이다. **바이올렛**과 **울트라바이올렛** 높이에서는 그리스도-의식을 초월적이고 무한한 것의 상징, 자아 없는 참자아의 상징, 예수와 여러분과 내 안에 있는 신적인 의식의 상징, 모든 것을 완전히 품고 있는 빛과 사랑의 상징, 시간과 스스로 축소된 사랑 없는 에고의 죽음을 넘어 부활한 생명의 상징, 죽음과 고통과 시간과 공간과 눈물과 두려움을 넘어가는 운명이 있음을 드러낸 존재의 상징으로 볼 것이다. 그래서 그는 그리스도-의식이 바로 지금 바로 여기, 시간이 없는 순간에 현존하고 있으며, 거기서 모든 것이 현실로 나오고 있음을 볼 것이다.

달리 표현하자면, 변성 상태 체험은 부분적으로 그 사람이 머물고 있는 단계에 따라 해석될 것이다. 그래서 마법적인 그리스도, 신화적인 그리스도, 합리적인 그리스도, 다원적인 그리스도, 그리고 통합적인 그리스도와 초超-통합적인 그리스도가 있다. 이런 견해는 어떤 체험에나 다 적용할 수 있지만, 영적이고 종교적인 체험에 적용할 때 특별히 중요한 의미를 갖는다. 어떤 사람이 레드나 앰버 높이처럼 아주 낮은 발달 단계에 있을 수 있다. 그럼에도 불구하고 그는 진정으로 정묘한(또는 원인이 되는) 상태의 체험을 충분히 할 수 있다.

거듭남을 체험했다고 하는 근본주의자와 복음주의자의 경우가 가장 일반적인 예이다. 그들은 자신들이 그리스도(또는 알라, 또는 마리아, 또는 브라만Brahman)를 직접 체험했다고 알고 있다. 그게 아니라 다른 것이라고 아무리 설득해도 쓸 데 없는 일이다. 그런데 그들의 주장은 절반의 진실이다. 그들은 어떤 정묘한 상태의 실체를 진정으로, 생생하게, 실제로, 직접 체험했다. 하지만 그들은 자기들의 단계 곧 자기중심적이거나 민족중심적인 입장에서 해석하는 것이다. 그들 입장에서는 예수, 오직 예수만이 참 길이다. 더 나쁜 것은 그들의 실제적이고 진정한 사랑의 상태 체험이 그들의 자기중심적인 성향을 실제로 더욱 *강화*할 것이라는 사실이다. 그들은 예수를 자신의 개인적인 구세주로 받아들이는 사람만이 구원받을 수 있으며, 그러지 않는 사람은 모두를 사랑하고 모든 것을 용서하는 신에 의해 지옥 불에 던져지는 영원한 형벌을 받는다고 주장한다. 이런 지독한 모순이 이해가 되는가? 그렇다. 윌버-콤스 격자를 이용하면 이해할 수 있다.

의식의 상태States라는 것이 존재한다는 것을 알면, 사람들이 상대적으로 발단 단계의 낮은 수준levels에 있을지라도 매우 영적이고 진정한 체험을 할 수 있는 이유를 이해할 수 있다. 그리고 그런 일이 어떻게 그리 흔하게 일어나는지도 알 수 있다. 어떤 발달 라인에서이건 가장 높은 수준(제3층)에 도달한 사람의 수가 1%도 채 되지 않음에도 불구하고, 여러 설문조사 결과에 따르면 어떤 종류의 영적이거나 종교적인 체험을 했다고 응답한 사람은 75%가 넘는다. IOS를 사용하면 이렇게 모순되는 데이터를 이해할 수 있다. 1%는 높은 단계의 영적인 체험을 한 것이고, 75%는 일시적인 변성 상태라는 영적 체험을 한 것이다.

어떤 사람이 발달 단계의 높은 수준에 있으면서 명상상태나 관조상태 같은 의미 있는 다양한 상태를 두루 체험하는 것은 당연히 이상적이다. 그러나 요즈음 일부 영적 지도자들이 발달 단계가 있다는 것을 모르거나 또는 무시하고 오직 명상 상태에만 초점을 맞추는 것은 불행한 일이다. 상태States와 단계Stages를 결합해서 다루는 것이 다음 장에서 다룰 '통합적인 삶을 위한 훈련Integral Life Practice'의 중요한 목적 가운데 하나이다.

## 궁극적인 실재는 어느 4분면에 있는가?

지금까지 '영성'이라는 말이 세 가지 서로 다른 상황을 일컫는 말로 쓰이고 있음을 살펴보았다. 어떤 발달 라인의 최상위 수준 또는 상태를 가리킬 때, 또는 발달 라인 그 자체 곧 '영성 발달 라인'을 가리킬 때, 또는 의식의 다양한 변성 상태를 일컬을 때 곧 수준과 라인과 상태와 관련해서 '영성'이라는 말을 사용하고 있음을 알았다. 그렇다면 타입과 4분면과 관련해서는 어떨까?

내 생각으로는 기본적인 개념이 이미 명확해졌기 때문에, 이 부분은 아주 빨리 마무리할 수 있을 것 같다. '타입types'은 영성의 중요한 양상 또는 내용을 규정하는 정의라고 할 수 있다. 그래서 많은 사람들이 '영적'이라는 말을 어떤 타입의 특성 곧 사랑, 친절, 평정, 지혜 등과 같은 의미로 쓴다.

그런데 이런 특성들을 하나하나 살펴보면 모두 발달development의 속성을 지니고 있음이 명백히 드러난다. 우리는 앞에서 캐럴 길리건 Carol Gilligan과 관심 또는 동정심에 대해서 말할 때, 관심이 이기적인 관심에서 보편적인 관심, 통합적인 관심으로 발달한다는 것을 알았다. 그래서 타입에 대한 이야기도 앞에서 정의를 내린 수준 그리고/또는 라인에 대한 이야기로 곧바로 돌아가게 된다. 예를 들어 보자. 우리는 영성은 사랑을 포함하며, 영적이 된다는 말은 사랑하는 존재가 되는 것이라고 말할 수 있다.

그런데 사랑 자체가 자기중심적인 사랑에서 민족중심적인 사랑으로, 그리고 세계중심적인 사랑, 온 우주중심적인 사랑으로 발달한다. 그리고 높은 수준의 사랑만을 진정으로 영적이라고 할 수 있다. 일반적으로 나르시스적인 사랑 또는 자기중심적인 사랑은 영적이라고 생각하지

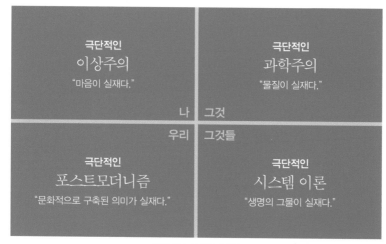

**도표 18** | 4분면 절대론

않는다. 그러므로 단순히 "우리에게 필요한 것은 사랑뿐이다"라고 말하는 사람은 사태의 전모를 파악하지 못한 것이다.

많은 이론가들이 자신의 견해가 '진짜 진정으로' 세계를 설명하는 이론임을 설명하려고 할 때 4분면의 어느 하나를 이용한다(〈도표 18〉). 여러분 생각에는 어느 4분면이 궁극적인 실재인가? 여러분의 신이 어느 수준인가를 묻는 것이 아니라, 어느 4분면이 여러분의 신인가를 묻는 것이다.

물질이 근본적인 실재라고 보는가? 영과 의식이 근본적인 구성요소라고 보는가? 또는 종교와 같은 모든 '상부구조superstructures'를 경제적인 현실의 '토대'로 환원시킬 수 있다고 보는가? 또는 우리의 모든

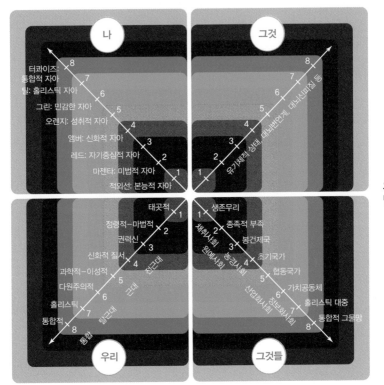

개인적

나        그것

터콰이즈:
통합적 자아
틸: 홀리스틱 자아
그린: 민감한 자아
오렌지: 성취적 자아
앰버: 신화적 자아
레드: 자기중심적 자아
마젠타: 미법적 자아
적외선: 본능적 자아

유기체적 상태, 대뇌변연계, 대뇌신피질 등

내면        외면

태곳적
정령적-마법적
권력신
신화적 질서
과학적-이성적
다원주의적
홀리스틱
통합적

전근대
근대
탈근대
통합

생존무리
종족적 부족
봉건제국
초기국가
협동국가
가치공동체
홀리스틱 대중
통합적 그물망

채취사회
원예사회
농경사회
산업화사회
정보화사회

우리        그것들

집합적

**도표 19** | AQAL

지식이 사회적인 구조물일 뿐이라고 보는가?

만약 여러분이 물질을 궁극적인 실재라고 생각한다면(곧 우-상 4분면만이 유일한 실재라고 생각한다면) 모든 영적인 체험이나 믿음이 뇌의 생리적인 변화로 인해서 생긴 환상에 지나지 않게 될 것이다. 신은 어른인 여러분에게는 상상의 존재일 뿐이고, 모든 영적인 믿음은 물질적인 뇌에서 일어나는 육체적인 흥분에 '지나지 않게' 될 것이다.

여러분이 만약 영과 의식(좌-상 4분면)을 궁극적인 실재라고 생각한다면 물질을 실재라고 생각하는 사람과 반대로 믿을 것이다. 모든 물질적인 형태를 환상으로 여기고, 물질적인 형태를 실재로 여기는 사람들을 무지와 죄와 마야(환영)와 삼사라(윤회)에서 벗어나지 못하는 사람들로 볼 것이다.

여러분이 만약 외적인 시스템(우-하 4분면) 차원의 실재에 대한 견해가 궁극적인 견해라고 생각한다면, 종교적이고 영적인 믿음이 모두 구조적인 기능일 뿐이라고 볼 것이다. 사회 시스템적인 실체, 기술-경제의 토대, 사회역학적인 구조로 짜인 그물 등 3인칭 복수 '그것들'로 표현할 수 있는 것이 될 뿐, 결코 다르게 볼 수 없을 것이다.

그리고 여러분이 만약 좌-하 4분면만을 유일한 실재라고 생각한다면, 시스템 자체에 대한 우리의 생각(신과 영에 대한 생각은 제외하고)을 포함하여 우리가 알고 있는 모든 것이 사회적인 구조물이 될 것이다. '나'도 아니고, '그것'도 아니고, '그것들'도 아닌 전능한 '우리'만이 문자적으로 모든 실재를 창조하는 주체가 될 것이다.

이런 **하나의 4분면 절대주의**에 대한 이야기가 정신이 번쩍 들게 하지 않는가? 고백하건대, 나에게는 분명히 그렇다. AQAL에서는 모든 4분면이 동일하게 근본적이다. 어떤 4분면이 다른 4분면보다 더 실제적이거나 근본적이지 않다. 모든 4분면은 4중으로 함께 성장하고 진화한다. 어떤 4분면에서 궁극적인 실재가 발견된다면 다른 4분면에서도 동시에 발견할 수 있으며, 그들은 서로가 서로를 창조하고 서로가 서로를 떠받쳐주면서 자신의 모습을 밝게 드러낸다.

## 영Spirit은 실재인가, 그렇지 않은가?

의식의 상위 단계와 상태에 대한 탐색을 마치면서 진정한 영, 진정한 신성, 진정한 존재의 근거가 존재하는지 아니면 존재하지 않는지 최종적으로 확신을 갖고 말할 수 있을지를 살펴볼 필요가 있다.

앞서도 말했지만, 이 궁극적인 질문에 대한 답을 얻고자 한다면 발달의 최상위 단계에 있는 사람들에게 묻는 것이 분명 도움이 될 것이다. 그렇지 않겠는가? 그들이 말하는 것을 다 믿어야만 한다는 뜻이 아니다. 단지 그들이 이 질문에 일관되게 대답을 하는지 어떤지만 알아보자는 것이다.

예상했겠지만, 그들은 일관되게 그런 것이 존재한다고 말한다. 앞에서 언급한 것처럼 그들은 궁극적인 존재의 근거를 마법적인 개념이나 신화적인 용어로 표현하지 않는다. 그리고 이 세계 밖에 있는, 또는 단순히 이 세계를 초월해 있는 것으로 보지 않는다. 그들은 궁극적인 존재의 근거를 이 세계의 '그러함Suchness'이나 '이러함Thusness' 등으로 묘사한다. 또는 모든 것이 출현하는 자궁과 같은 공空으로까지 표현하기도 한다(여기서 '공空'은 '규정할 수 없는 열려 있음' 또는 '매순간의 투명성'을 의미한다).

때로는 궁극적인 지성이나 현존하는 자각 또는 무한한 의식을 암시하는 용어로 묘사하기도 한다. 여기서 말하는 지성은 시계 만드는 사람이 시계를 만드는 것처럼 무엇인가를 신중하게 디자인하는 그런 가공의 이원론적인 지성을 말하는 것이 아니다. 그것은 존재를 (대상으로서가 아니라) 그냥 아는 존재 자체로서의 지성이며, 동시에 존재를 출현시키는 지성이다. 이 지성은 존재하는 모든 것의 참자아이다. 그래서 앎과 존재, 또는 주체와 객체가 비이원적인 현존 상태에서 하나로 존재하는 그런 지성이다.

그것을 '주체a subject'라고 한다면, 광대하게 열려 있는 목격자(또는 주시자), 절대적인 주관성, 대상을 공평하고 동등하게 노력 없이 자발적으로 비추는 거울 같은 마음, 모든 것을 끝없이 품으면서 지금 그리고 여기에 충만하게 현존하는 큰 마음 등으로 표현해볼 수는 있겠지만 대상이 아니기 때문에 어떤 말로도 설명할 수 없는 주체이다.

그것을 '존재Being'라는 용어로 묘사하는 경우에는 존재론적인 실체를 가리키는 것이 아니다. 모든 개념과 느낌과 생각과 이미지에 앞서 존재하는, 그러나 존재하고 있는 단순한 느낌으로서 지금 여기에서 쉽게 접촉할 수 있는, 무엇의 그저 '그러함Suchness or Is-ness'을 의미한다.

그것을 인격적인 개념으로 묘사할 경우에는 모든 신 너머에 있는 '신성', 이 순간 만물이 거기서 출현해 나오는 '심연深淵-지성Intelligence-Abyss'이라고 할 수 있을 것이다. 그것은 '영원하다.' 여기서 영원하다는 것은 영구히 지속된다는 뜻이 아니라, 시간이 없는 현재로서 언제나 현존하고 있는 무엇이라는 뜻이다. (사실과 논리 관계를 집요하게 추구한 것으로 유명한 현대 철학자 비트겐슈타인조차도 이렇게 말했다. "우리가 만약 영원을 '시간이 무한히 지속된다'는 뜻이 아니라 무시간성으로 받아들인다면, 영원한 삶은 현재를 사는 사람들의 몫이다.") 달리 말하자면, 그것은 시간 속에서 영속적으로 존재하는 무엇이 아니라, 시간이 전혀 없는 순간이다. 그것은 무한한 순간이며 모든 시간을 손바닥 안에 쥐고 있는, 시간이 없는 '지금' 곧 순수한 '현재'이다. 이 순간은 다른 곳에서 발견할 수 있는 그 무엇이 아니다.

의식의 울트라바이올렛 물결이 펼쳐지는 단계에 도달한 사람들의 수만큼 영Spirit에 대한 '묘사'도 많다. 하지만 그들은 모두 문화에 따라 다른 용어를 쓸지언정, 영Spirit이 모든 존재의 근거이자 목표라는 데 이견이 없다. 모든 것의 배후에, 너머에, 위에, 안에 그리고 드러난 우주 전체로서 무한한 실재가 존재하고 있다는 데 동의한다.*

그런 신이 존재한다는 증거가 있는가? 그렇다. 확실히 있다. 여러분의 의식을 울트라바이올렛 물결까지 끌어올려라. 그런 다음에 보라. 맛을 보고, 만져보고, 느껴보고, 들이마셔본 다음 여러분이 알게 된 것을 우리에게 알려주기 바란다.

확실히 해두자. 존재에 대한 질문에 답을 줄 수 있는 것은 신화적인

---

* 공부가 진전된 학생들을 위해서 한 가지 분명히 해두자. 오버마인드 구조overmind structure와 원인이 되는 상태causal state가 비슷한 말처럼 보이는데, 그 차이가 무엇인가? 둘 다 주시자the Witness에게 접근하는 통로 역할을 하지만, 오버마인드는 구조적인 발달 단계에서 하나의 '단계'인 반면에, 원인이 되는 상태는 어떤 단계에서나 있을 수 있는 '상태'이다. 모든 발달development은 하위를 감싸고 상위로 전개되며 포괄적envelopment이다. 또는 전체가 다음 단계의 부분이 되는 '홀론holon'의 연속이다. 홀론은 이전 발달을 모두 포함하고 자기를 초월하여 다음 단계를 구성하는 부분인 홀론이 된다. '단계stage'는 이렇게 포괄적인 성격을 지니고 있다. 반면에 '상태state'는 포괄적이지 않고 배타적이다.(예를 들자면, 여러분은 술에 취해 있는 상태에서 동시에 깨어 있을 수 없으며, 깨어 있는 상태에서 동시에 꿈꾸는 상태에 있을 수 없고, 꿈 없는 깊은 잠 상태에서 동시에 꿈꾸는 상태에 있을 수 없다.) 오버마인드 구조-단계는 이전 단계의 모든 대상에 대한 통일적인 자각을 포함하고(배제하지 않고) 깨어 있는 순수한 주시자 의식이다. 그래서 오버마인드는 모든 이전 단계를 자각하는 능력이 있다. 7번째 차크라는 이전 6개의 차크라 위에서 작동한다. 그것은 아래 차크라를 모두 자각하면서, 그 위에서 완전하게 현존하는 의식이다. 원인이 되는 상태는 인식대상이 없는 의식 상태이다. 오버마인드와 동일한 주시하는 자각이지만 오버마인드와는 달리 '대상'이 존재하지 않고, 그냥 자신의 희열 상태에 머물고 있는 광대한 공간이라고 할 수 있다. 오버마인드는 포괄적인 성격을 지니고 있는 '구조'이며, 원인이 되는 상태는 배타적인 '상태'이다. 붓다조차도 깨어 있는 상태와 꿈꾸는 상태와 깊은 잠 상태를 오간다. 상태가 끊임없이 배타적으로 오고 가기 때문이다. 그러나 오버마인드 단계의 주시자는 어떤 상태가 오고 가든지 자유롭게 현존하며, 모든 상태의 경험을 통합할 수 있으며 또 그렇게 한다.

신이 아니다. 과학적인 물질주의도 아니다. 문화적인 다원주의도 아니다. 이 셋은 모두 존재의 수수께끼에, '왜 꼭 이런가'라는 질문에 만족스러운 답을 주는 데 실패했다. 그들은 여러분의 존재Being, 여러분의 되어감Becoming, 그리고 여러분의 깸Awakening에 대한 큰 그림 전체를 충분히 보여주지 못했다.


## 결론

영Spirit의 여러 얼굴, 실로… 우리는 AQAL 매트릭스를 이용해서 '영성Spirituality'이라는 말을 4분면, 수준/단계, 라인, 상태, 타입과 관련해서 쓸 수 있고 또 그렇게 쓰고 있다는 것을 알았다. 어떤 것과 관련해서 '영성'이라는 말을 쓰든지 다 타당하다. 하지만 무엇과 관련해서 이 말을 쓰는지를 확실히 밝혀야만 한다. 그렇지 않으면 우리가 내린 결론들이 서로 상반되고 해결할 수 없는 모순에 빠지게 될 것이기 때문이다. 인간이 논의할 수 있는 주제들 중에 가장 혼동된 채 남아 있는 영역이 아마 '영성' 분야일 것이라는 사실은 놀라운 일이 아니다.

그러나 IOS를 이용하면 갑자기 모든 것의 의미가 확연히 드러나기 시작한다. 적어도 근본주의(앰버)의 악몽에서, 과학적인 현대성(오렌지)이 가져다주는 우울한 공허로부터, 무엇이라도 좋다는 식(그린)의 불모의 땅에서 빠져나와 위로 올라갈 수 있는 길을 보기에는 충분하다. 진화의 물결을 타고 초超정신, 초超개인, 초超의식을 향해 나아감에 따라 영 그 자신이 미소지으면서 자신의 존재를 고지해줄 것이다. 그러면 얼마나 반복했을지 모르는 존재와 되어감의 '숨바꼭질' 게임에서 깨어날 수 있을 것이다.

모든 의식의 물결에, 그리고 각 의식의 물결에 영spirit이 현존한다. 영은 스스로 전개하는 과정에서 매 수준마다 그 수준에 존재하는 의식이기 때문이다. 동일한 의식이 광물 속에서 잠자고 있으며, 식물 속에서 꿈틀거리고, 동물 속에서 움직이고, 인간 속에서 생생하게 살아난다. 그리고 깨어난 현자 안에서 스스로에게 돌아간다. 대단히 특별하게, 여러분과 나를 포함한 우리 모두는 깨어난 현자의 길에 초대를 받았다.

깨어서 보지 않겠는가?

chapter **6**

통합적인 삶을 위한 훈련:
# 충만한 삶을
# 살아라

통합적인 삶을 위한 훈련
Integral Life Practice 의

목적은 여러분의

독특하고

전체 스펙트럼
SPECT

특별한 능력의

RUM을

실현하는 데 있다.

다양한 영역
또는 **모듈**을
**매일 훈련**함으로써,
당신의 삶 속에서
더 큰
**자유와 충만**을
경험할 수 있을 것이다.

인도의 어떤 동굴에서 혼자 지내거나 티베트의 어느 산 꼭대기에 앉아 있는 괴상한 사람만이 깨어난 현자가 아니다. 깨어난 현자(또는 단순히 깬/깨달은 사람)는 가장 깊은 형상과 가장 높은 물결 속에, 지금 여기에 현존하고 있는 우리 의식의 자연스러운 모습이다. 이것을 실현하는 것이 '통합적인 삶을 위한 훈련Integral Life Practice'의 목표이다.

앞에서 'IOS의 실용적인 응용'을 살펴볼 때 의료, 비즈니스, 생태학, 그리고 영성의 의미 이해를 돕는 데 초점을 두었다. 그런데 내 의식, 나의 성장, 나의 변형, 나의 깨달음 등과 관련해서는 어떻게 실제적이고 체험적인 통합적 접근을 할 수 있을까?

통합적인 접근을 1인칭의 실제적인 경험 차원에 적용하는 것을 **통합적인 삶을 위한 훈련**Integral Life Practice 또는 **ILP**라고 부른다.

ILP의 기본 특징은 단순하다. 여러분에게 몸과 마음과 영이 있고(이들은 수준이 있다), 자아와 문화와 자연이 있다면(이들에게는 4분면이 있다), 수준과 4분면을 결합하면 성장 가능한 또는 깨어남이 가능한 9개의 영역이 생긴다. ILP는 가장 효과적인 개인의 변형을 위해 이들 모두를 처음으로 상호 결합한 접근 방법이다.

좀 더 확장한 예를 살펴보자. 〈도표 8〉(p.78)을 보면 모든 4분면에 저마다 3개의 수준이 있어서 총 12개의 구역이 있다. '통합적인 삶을 위한 훈련'은 이들 12구역 전체의 성장을 위한 실제적인 훈련법(수련법)을 만들어냈다. 이것은 대단히 독창적이고, 역사적으로 성장과 발달과 깨어남을 위한 접근법 가운데 선례가 없는 것이다.

개인과 관련된 상부의 두 4분면에 초점을 맞추고 거기에 무엇이 포함되어 있는지 살펴보자. 이 두 4분면은 대단히 중요하다. 그래서 우리는 몸, 마음, 영, 그림자(무의식)의 성장을 도모하는 이 두 4분면을 위한 훈련을 핵심 모듈이라고 부른다. 다음 페이지에서 몸, 마음, 영, 그림자의 성장을 위해 개발된 '1분 모듈'이라는 것을 소개하겠다. 이것들은 상당히 큰 여러 모듈을 아주 짧게 줄여놓은 것이다. 간략하지만 모든 큰 모듈 각각의 핵심이 매우 응축되고 정제된 형태로 잘 다루어져 있다. 물론 다양한 모듈과 다양한 수련법의 완전한 버전을 추천한다. 하지만 시간이 없거나, 완전한 버전의 맛과 효과를 알아보고자 한다면 1분 모듈이 그 역할을 충분히 해줄 것이다.

통합적인 훈련을 위해서 꼭 ILP 버전의 훈련을 해야만 하는 것은 아니라는 점을 강조해두고 싶다. 여러분은 여러분 자신의 통합적인 훈련법을 만들 수 있고, 그것이 매우 효과적일 수 있다. 이 장의 내용과 요약된 ILP 매트릭스(p.174~175)를 일반적인 가이드라인으로 삼으면 좋을 것이다. 각 모듈에서 목록에 제시된 것 가운데 어떤 것을 해도 좋다. 요점은 간단하다. 4개의 핵심 모듈 각각에서 원하는 것 하나씩을 선택한 다음, 1회에 그 4개를 함께하라는 것이다. 원한다면 보조 모듈 목록에서 선택한 것을 함께 해도 좋다. 통합연구소Integral Institute에서 고안한 ILP Starter Kit나 도서 《켄 윌버의 ILP》를 이용하고자 한다면, 그것 역시 좋다. 둘 다 대부분 통합연구소의 연구원들이 이 훈련을 하려는 사람들을 위해서 만든 것이며, 거기에는 이 책에서 언급한 것들을 상당히 확장시킨 깊이 있는 교육 자료들이 들어 있다(www.integral-life-practice.com과 www.integrallife.com). 어떤 것을 이용해도 좋다.

핵심 모듈

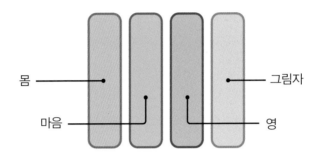

몸 ——— 그림자

마음 ——— 영

몸, 마음, 영, 그리고 그림자. 이 넷이 **핵심 모듈**이다. 그러나 이것을 일반적인 '뉴에이지'나 '전체론적' 또는 '영적'인 접근이라고 생각한다면 그것은 여러분의 첫 번째 실수이다.


(1) 몸Body 모듈

여기서 '몸'은 전형적으로 뉴에이지 영성에서 말하는 감성적인 몸이나 서양의학에서 기준으로 삼고 있는 물질적인 몸만을 가리키는 것이 아니다. 우리가 말하는 '몸'은 그 둘 다이며, 거기에 다른 것이 더 포함되어 있다. 물질적인 몸(육체), 정묘한 에너지 몸(정묘체), 원인이 되는 초월적인 몸(원인체)이 우리가 말하는 몸이다. ILP에는 이 세 몸의 훈련이 포함되어 있다. 우리는 이것을 **세 몸 훈련**3-Body Workout이라고 부른다.

'세 몸 훈련'에는 웨이트 리프팅이나 에어로빅 같은 신체적인 훈련이 포함되어 있다. 또 태극권과 기공의 다양한 동작을 포함하여 감정, 상상, 의미 느끼기 등 정묘한 몸을 위한 훈련도 있다. 그리고 무한을 느끼는 훈련이나 빛과 생명의 원圓을 느끼는 훈련처럼 원인이 되는 몸을 위한 훈련도 있다.

다음은 '세 몸 훈련'을 위한 '1분 모듈' 몇 가지를 소개한다.

1분 모듈
### 근력 강화 운동

무거운 물건을 드는 기본적인 훈련은 근육을 강하고 조율된 상태로 만들어주는 가장 쉽고 간단한 방법이다. 이 훈련을 하는 동안 근육은 아주 빨리 실패에 대한 도전을 받은 다음 다시 회복(재생)된다. 그러면서 다음에 똑같은 도전이 왔을 때를 대비해서 근육의 섬유질이 강해진다. 도전, 실패, 회복이라는 원칙을 염두에 두고 이 훈련을 한다면 아주 쉽고 빠르고 효과적으로 힘을 기를 수 있을 것이다.

근육의 힘을 키우기 위해서는 먼저 힘을 키울 근육을 선택한다(예를 들면 이두박근, 흉근, 대퇴근 등). 바벨이나 덤벨 등 기계를 이용해도 좋고, 쪼그려 뛰거나 윗몸 일으키기, 팔굽혀 펴기 같이 자기 체중을 이용하는 운

# The Integral Life Practice™ Matrix

| 몸<br>(육체, 정묘체, 원인체) | 마음<br>(프레임워크, 관점) | 영<br>(명상, 기도) | 그림자<br>(치료Therapia) |
|---|---|---|---|
| 웨이트 리프팅<br>(육체) | 독서&공부 | 선禪 | 게슈탈트 요법 |
| 유산소 운동(육체) | 신념 체계 | 향심Centering 기도 | 인지 치료 |
| 초점 강도 훈련F.I.T.<br>(육체, 정묘체) ☆ | 통합(AQAL)<br>프레임워크 ☆ | 큰 마음Big Mind<br>명상 ☆ | 3-2-1 과정 ☆ |
| 다이어트: Atkins,<br>Ornish, the Zone<br>(육체) | 멘탈 트레이닝 | 카발라 | 꿈 작업Dream-Work |
| ILP 다이어트 ☆<br>(육체) | 다각적인 관점<br>취하기 | 연민Compassionate<br>주고받기 ☆ | 대인관계 |
| 태극권(정묘체) | 당신에게 적합한<br>세계관 또는<br>의미체계 | TM | 정신분석 |
| 기공(정묘체) | | 통합적 탐구Inquiry ☆ | 예술&미술 치료 |
| 요가(육체, 정묘체) | | 위빠사나 명상 | |
| 세 몸 훈련 ☆<br>(육체, 정묘체, 원인체) | | 영의 1-2-3 ☆ | |

실습예제

# 보조 모듈

| 윤리 | 성Sex | 일Work | 감정 | 관계 |
|---|---|---|---|---|
| 행동 강령 | 탄트라 | 바른 직업正命 또는 바른 생활 | 감정 바꾸기⭐ Transmuting Emotions | 통합적 관계⭐ |
| 직업 윤리 | 통합적 성性 요가⭐ | 직무 교육 | 감성 지능 훈련 | 통합적 양육⭐ |
| 사회적&생태학적 행동주의 | 카마수트라 | 자산 관리 | 박티Bhakti 요가 (헌신 훈련) | 의사소통 기술 |
| 자기 수양 | 쿤달리니 요가 | ILP 방식으로서의 일⭐ | 감정 자각 훈련 | 부부치료 |
| 통합적 윤리⭐ | 섹스를 통한 변형 훈련 | 카르마Karma 요가 | 통렌Tonglen (연민 주고받기 명상) | 영적인 관계 훈련 |
| 스포츠맨십 | | 사회봉사& 자원봉사 | 창조적 표현&예술 | 바른 모임 (교단Sangha) |
| 맹세&서원 | | 변화Transformation 로서의 일 | | 결혼생활 자각하기 |

**훈련하는 방법은 간단하다:**

- **4가지 핵심 모듈** 각각에서 원하는 것을 **한 가지씩 선택해서** 훈련한다.
- **보조 모듈**에서 하고 싶은 것을 아무것이라도 골라서 훈련한다.
- 자, 가라!

(특별히 황금별 표시가 있는 훈련을 추천한다. ⭐ )

동도 좋다. 적당히 몸을 푼 다음, 선택한 근육의 힘이 완전히 소모될 때까지 운동을 하라. 무거운 것을 드는 웨이트 트레이닝이라면 대략 8번에서 12번 정도 반복하라는 뜻이다. 할 수 있는 데까지 충분히 하라!

하루, 한 세트, 하나의 근육 그룹. 이거면 된다. 다음에는 다른 근육 그룹을 위한 운동을 하라. 반복해서 하라. 하루에 1분이나 2분이면 된다. 그러면 단 한 달 이내에 놀라울 정도로 힘이 강해졌음을 알게 될 것이다. 해보라!

### 1분 모듈
## 유산소 운동(에어로빅)

연구 결과에 따르면, 산소 소비 효율성을 키우기 위해서 꼭 오래 달려야 하거나 어떤 조절 훈련을 해야만 하는 것은 아니다. 심장박동수를 끌어올렸다가 휴식을 취하는 아주 짧은 운동을 **인터벌 트레이닝** interval training이라고도 하는데, 이런 훈련으로도 놀라울 정도의 효과를 볼 수 있다.

심장 혈관 건강을 증진하기 위해서는 유산소 운동이 좋다. 달리기, 자전거 타기, 또는 줄넘기 같은 유산소 운동은 심장박동수를 높여준다. 적당히 몸을 푼 다음, 심장박동수가 최대치의 80% 정도 될 때까지 운동하라(대개 숨이 차기 시작할 때가 그때이다). 그런 다음 잠시 완전히 쉰다. 이 과정을 2~3회 반복하라.

주의: 사고의 위험이 있기 때문에, 이 운동을 처음 시작할 때에는 미리 전문가의 조언을 받길 권한다.

 **1분 모듈**
## 세 몸 훈련

### 1. 원인이 되는 몸Casual body
선 자세로 자연스럽게 호흡을 하면서…

*이것과 매순간의 그러함suchness에 의식을 집중한다. 내가 바로 이 그러함이다. 나는 모든 것이 거기서 출현하는 열려 있음이라고 생각한다.*

숨을 자연스럽게 들이마시고 내쉬는 것을 반복한다. 팔이 바닥과 수평이 되게 합장하고, 합장한 손을 가슴에 댄다. 마지막 숨을 내쉬면서 손바닥이 하늘을 향하도록 양팔을 좌우로 쭉 편다.

*그 마지막 숨을 내쉬면서 나는 무한으로 풀려 들어간다고 생각한다.*

## 2. 정묘한 몸 Subtle Body

부드럽게 깍지를 낀 손을 아랫배에 대고, 숨을 들이마시면서 손바닥으로 에너지를 모은다.

숨을 들이마실 때, 나는 생명의 충만함 속으로 들어간다고 생각한다.

숨을 내쉬면서, 깍지 낀 손을 앞으로 돌려 손바닥이 하늘을 향하도록 위로 쭉 편다.

숨을 내쉴 때, 나는 빛으로 돌아간다고 생각한다.

다시 숨을 들이마시면서, 깍지를 풀고 양 손을 좌우로 큰 원을 그리면서 처음 자세로 돌아간다.

이렇게 원을 완성하면서, 나는 자유롭고 충만하다고 생각한다.

혀를 입천장에 붙이고 이 과정을 8회 반복함으로써 '소우주의 궤도'를 완성하게 된다. 숨을 내쉴 때 손바닥이 하늘을 향하도록 팔을 위로 뻗고, 들이마실 때 손바닥이 몸 밖을 향하게 하고 크게 원을 그리면서 내린다.

### 3. 물질적인 몸 Physical Body

두 손을 아랫배에 대고, 숨을 들이마시고 내쉬고…

무한한 자유와 충만함이 이 소중한 나의 몸으로 드러난다고 생각한다.

숨을 들이마시고 내쉬면서, 부드럽게 몸을 굽혀 손바닥을 바닥에 댄다.

대지에 접촉하면서, 내가 모든 존재와 연결되어 있음을 느낀다.

### 4. 헌신 Dedication

시계 방향으로 돌면서, 네 방향을 향해 몸을 숙여 절한다.

절을 하면서, 내 의식과 내 행동을 뭇 존재를 위해, 온 세상을 위해, 모두를 해방시키는 데에, 이것과 매순간의 그러함으로 들어가도록 돕는 데 쓰겠다고 염원한다.

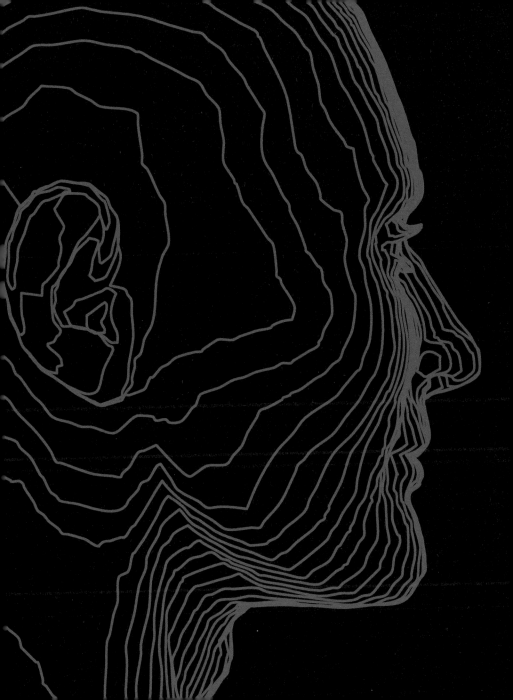

## (2) 마음Mind 모듈:
## AQAL 프레임워크

통합적인 삶을 위한 훈련에서 가장 중요한 모듈은 아마 마음 모듈일 것이다. 마음 모듈은 몸과 영을 이어주는 잃어버린 고리이기 때문이다. 전 세계의 영적인 지도자들은 모두 수행에 '몸과 마음과 영'이 포함되어야 한다고 이구동성으로 말한다. 하지만 실제로는 지난 20여 년 동안 마음이 거의 전적으로 배제되고, 몸이 중심을 차지했다. 그 결과 어떤 순간의 느낌과 체험을 영적인 각성과 동등하게 여기는 일이 흔히 일어났다. 마음 또는 지성은 배제되었을 뿐만 아니라, '영적이지 않은 것'이나 심지어 '영적인 것에 반대되는 것'으로까지 치부되었다. 두뇌라는 장애물을 건너뛰어 직접 가슴으로 접근해야만 한다는 것이다. "생각하지 마라. 설명하려고 하지 마라. 그냥 느끼고 체험하라." 세계 곳곳의 영적인 지도자들은 영적인 차원을 발견하려면 '마음을 버리고 감각으로 느껴야만 한다'고 믿었다.

그러나 그렇게 마음 버리기를 한 10년쯤 시도해본 다음에는 다른 길을 선택했으면 좋았을 것이다. 마음은 몸과 영을 이어주는 고리이다. 산스크리트어로는 마음 또는 지성을 **부디**buddhi라고 하는데, 거기서 모든 **붓다**Buddhas가 출현한다. 마음이 몸과 영을 하나로 묶는다. 마음은 영에서 직접 발출된다. 마음은 영의 첫 번째 자기표현이며, 영으로 돌아가는 길에서 가장 높은 수준이다. 마음은 몸과 영 사이에서, 영이 몸에

정착하게 하고 몸을 영으로 끌어올린다. 영으로 하여금 물질 차원에 뿌리를 내리게 하며, 몸이 영적인 차원을 향해 나아가도록 그 방향을 부여한다. 이런 마음의 작용이 없다면, 육체만으로는 어떤 감각이나 시각이나 느낌도 갖지 못한다.

영적인 성장이라는 것은 오직 자기만을 느낄 수 있는 자기중심적인 육체적인 느낌에서, 마음 곧 다른 사람의 역할을 이해하고 에고를 넘어 확장하는 단계로, 그리고 세계중심적인 영적인 포용의 단계로 발전하는 것이다. '**다른 사람의 입장이 되어 보는 것**'은 인식 작용이고 마음의 작용이다. 다른 사람이 어떻게 느끼는지를 느껴보기 위해서는 마음이 필요하다. 마음은 자기중심적인 느낌의 감옥에서 풀려날 수 있는 자각을 가져다주며, 온 우주를 껴안는 길로 엄청나게 확장해 나갈 수 있는 출발점을 만들어준다. 느낌과 생각과 명료한 의식(깸), 몸과 마음과 영. 여기에서 마음은 잃어버린 연결고리이다.

응집력 있고 포괄적인 정신적인 프레임워크가 없으면, 여러분이 느끼는 '느낌'은 뿔뿔이 흩어지고 말 것이다. 이 분야의 탐구를 해온 지난 30여 년 동안 한 가지 사실이 시시때때로 거듭해서 확인되었다. 곧 영적인 체험을 현실적으로 붙잡는 데 필요한 어떤 정신적인 프레임워크가 없으면 그 체험이 뿌리를 내리지 못한다는 것이다.

우리는 통합적인 삶을 위한 훈련에서 AQAL 관점 또는 AQAL 프레임워크를 사용한다. 현재로서는 이것이 유일한 진정한 통합적인 견해라고 알고 있기 때문이다. AQAL은 '단순한 추상적인 개념'이 아니다.

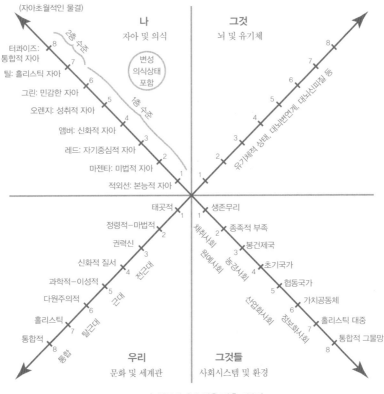

**도표 20** | 인류에게 초점을 맞춘 4분면

AQAL은 살아 있는 밝고 체험적인 실재이다. 실제로 많은 사람들은 AQAL이 정신을 활성화시킨다고 보고하고 있다. AQAL을 배우면, 또는 IOS를 다운로드하여 여러분의 바이오컴퓨터에 인스톨하면 내부에서 작동하는 점검표 역할을 한다. AQAL은 여러분이 충분히 사용하지

못하는 여러분의 능력이 어디에 있는지를 자동으로 알려준다. 아무것
도 외부에서 강요하지 않으며, 오직 내면에 불을 밝힘으로써 여러분 스
스로 가능성을 알 수 있도록 해준다. AQAL은 또한 여러분의 생각이 여
러분의 삶에서 하는 역할의 성격을 바꾸어준다는 의미에서 정신을 활
성화시킨다고 볼 수 있다. 끝으로, AQAL은 아주 재미있다. 실제로 해
보면 어렵지 않고, 오히려 스릴이 넘친다.


## 모든 것의 의미 알아차리기

많은 사람들이 AQAL 모듈을 사용할 때 경험하는 흥분을 '모든 것의
의미 알아차리기Making sense of everything'라는 짧은 말로 표현한다. 이
것이 바로 AQAL의 효과이다. AQAL은 처음에 다양한 형태의 인간 활
동 전체에 대한 색인 작업을 위해서 고안된 것이다. 나와 다른 많은 학
자들이 30년 이상 연구한 결과로, 이제는 모든 중요한 지식과 경험을
분류하고 인덱스할 수 있는 도구가 되었다(예를 들어, 앞에서 '영성'의 다
양한 의미를 인덱스할 때 이 방법을 사용했다).

AQAL과 관련된 탐구를 시작한 지 얼마 지나지 않아서, 상당히 놀라
운 우리 자신의 의식의 지도를 포함하여 다른 많은 영역에서도 유용하
다는 것이 분명해졌다(만약 그렇지 않았다면 인덱스 시스템으로 쓸 수 없었
을 것이다). 우리는 우리가 고안한 모델을 전 세계에서 수집한 100개가

넘는 인간의 몸과 마음에 대한 지도(근대 이전, 근대, 근대 이후의 것을 모두 포함)와 비교했다. 그리고 이들 모두를 여러 지도 사이에 남겨져 있는 간격을 채우는 데 사용했다. 이 '합성지도'는 5가지 단순한 요소로 구성되었는데, 이렇게 해서 AQAL이 태어났다.

AQAL을 사용하기 시작했다면 AQAL이 '모든 것의 의미를 알아차리는' 데에 도움이 되는지 스스로 점검해볼 수 있을 것이다. 종교와 과학의 갈등을 예로 들어보자. 바바라 월터스Barbara Walters는 최근에 〈Heaven〉이라는 TV 특집을 진행했다. 프로그램에서 그는 먼저 달라이 라마를 포함하여 오늘날 가장 많은 사람들에게 알려져 있는 영적인 지도자들과 인터뷰를 했다. 그들은 모두 자신들에게 영적인 삶이 얼마나 깊은 의미가 있고 중요한지를 설명했다. 프로그램 후반에는 유명한 과학자들과 인터뷰를 했다. 그들은 저마다 다양한 설명을 하면서, 영적인 체험이라는 것이 물질로 된 뇌에서 일어나는 육체적인 흥분일 뿐임을 역설했다. 영이라는 것은 없고 오직 물질만 있을 뿐이며, 영적인 것을 믿는 사람들은 유아적인 환상이나 정체 모를 그 무엇에 사로잡힌 것이라고 주장했다.

여러분이 그 프로그램을 보았다면 상당한 궁금증이 일어났을 것이다. 출연한 사람들 중에 어느 쪽 절반이 맞는다면 다른 쪽 절반은 완전히 틀린 것이 된다. 만약 과학자들이 맞는다면 영적인 지도자들은 환상에 사로잡힌 것이다. 반대도 마찬가지다! 어느 쪽이 맞는지, 인류의 절반은 환상에 사로잡혀서 삶을 낭비하고 있는 것이다! 이건 도대체 말이 안 되는 얘기다.

　의미를 알아차리면 둘 다 옳다. 영적인 편에 서 있는 사람들은 좌-상 4분면에 대해서 이야기하는 것이고, 과학자들은 우-상 4분면에 대해서 말하고 있는 것이다.

　이제는 **문화전쟁**culture wars을 생각해보자. 영적인 사람들과 과학자들의 예는 특히 **4분면**quadrant과 관련이 있는 반면에, 문화전쟁은 **수준**levels과 관련이 있다. 다양한 양상의 문화전쟁이 있지만, 문화전쟁은 대개 **전통적인** 가치관과 **현대적인** 가치관 그리고 **포스트모던** 가치관 사이의 강렬한 싸움에 초점이 맞추어져 있다. 거의 정확하게 **앰버**와 **오렌지**와 **그린** 높이 사이의 싸움이라고 할 수 있다. 이들은 모두 1층 수준인데, 1층 수준에서는 자신들의 가치관만이 언제 어디서나 유일한

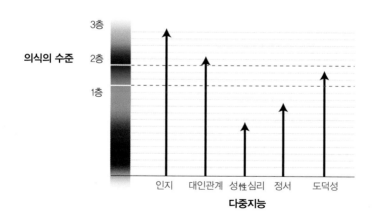

**도표 21** | 수준Levels과 발달 라인

진리이며, 다른 사람들은 좋게 보아 깊은 혼동에 빠져 있거나 최악의 경우 완전히 환상에 사로잡혀 있다고 믿는다는 것을 기억하기 바란다. 자, 그러면 이런 문화전쟁을 AQAL로 살펴보자. 그러면 정말로 아주 간단한 결과가 도출된다.

물론 우리가 기다리고 있는 것은 제2층으로의 멋진 도약이다. 2층에 도달하면 다양한 수준이 자기 자리를 찾는, 진정한 통합이 첫 번째로 일어나기 시작한다. 그러면 우리의 의식이 문화전쟁의 십자포화 위로 솟아올라서 넓게 열린 통합적인 의식 영역, 곧 개인을 초월하는 자각과 깨달음의 세계로 들어간다. 이렇게 통합적 프레임워크 또는 AQAL 프레임워크를 사용하면 문화적인 차원만이 아니라 다른 많은 영역에서 모든 것들이 갑자기 의미를 갖기 시작한다. 갑자기 삶의 모든 것을 위한 자리가 만들어진다. 여러분의 마음이 여기 한 조각 저기 한 조각 하는 식이 아니라 온 우주의 모든 것을 위한 방을 만들어줌에 따라, 여러분의 존재가 아주 깊은 평화와 확신으로 충만해진다. 생각에 기쁨이 찾아온다. 생각이 실제로 환해지고, 환해진 생각이 존재를 가볍게 한다. 생각은 원래 그랬어야 하는 것처럼, 매순간 이 세계의 모든 것이 통합되어 있음을 알아차리는 밝은 명료함 속에 있게 된다.

가장 중요한 것은, 실제로 여러분 삶의 모든 것을 위한 자리가 있다는 사실이다. 모든 것에 자기에게 꼭 맞는 자리가 있기 때문에, 모든 것이 의미가 있다. 그래서 삶에 의미가 생긴다. 모든 것에 자기에게 꼭 맞는 자리가 있으며, 모든 것이 의미가 있음을 알아차리는 것. 이것이 통합적인 접근을 통해 얻을 수 있는 가장 중요한 그리고 가장 빨리 나타나는 효과라고 할 수 있을 것이다.

아이러니의 다른 쪽에 의미가 있다. 부서지고 갈라진 세계의 다른 쪽에 의미가 있다. 탄식과 절망의 다른 쪽에 의미가 있다. 잠깐이라도 통합적인 프레임워크를 이용해보라. 시험주행을 하면서 여러분이 생각하고 있는 것을 점검해보라. 어떤 프레임워크나 견해를 사용하든지 상관이 없겠지만, 될 수 있는 한 넓고 포괄적인 것을 사용하길 바란다. 왜냐하면 삶의 의미는 어떤 프레임워크를 사용하느냐에 따라 다르게 도출될 것이 거의 확실하기 때문이다.

여기 마음을 위한 1분 모듈이 있다. 이것을 마음을 위한 통합적인 (AQAL) 프레임워크라고 할 수 있는데, 세 수준(몸, 마음, 영)과 4개의 4분면(나, 우리, 그것)에 초점을 맞춘 것이다. 이것의 이름을 "AQAL을 감지하라"로 정했는데, 이 프레임워크는 단순히 추상적인 것이 아니고 느낄 수 있는 실재reality, 그리고 살아 있는 실재의 지도이기 때문에 그렇게 했다.

1분 모듈
**AQAL을 감지하라**

AQAL 프레임워크의 머릿돌은 **다양한 시각**perspective에 대한 이해이다. 여러분은 어떤 순간에라도, 단순히 이미 존재하고 있는 것에 주목

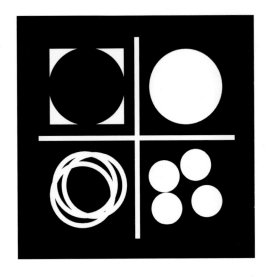

함으로써 삶을 구성하는 기본적인 차원들을 감지할 수 있을 것이다.

• 지금 이 순간의 그대의 '나I-space' 또는 '개인적인 의식'을 감지feel 하라. 그 '나'가 어떻게 느껴지는가? 그 '나I-ness'를 **감지하라.**

• 지금 이 순간의 그대의 '우리We-space' 또는 '상호주관적인 의식'을 감지하라. 다른 사람들과의 관계인 그 '우리'가 어떻게 느껴지는가?(지금 곁에 다른 사람이 없다고 해도, 가족이나 동료 등 그대에게 의미 있는 다른 사람들을 상상할 수 있다. 심지어 지구 반대편에 있는 사람들과 어떻게 연결되어 있는지 느끼는 노력을 할 수도 있다.) 그 '우리We-ness'

를 감지하라.

- 지금 이 순간의 그대의 '그것It-space' 또는 '객관적인 세계'를 감지하라. 어떤 물질적인 세계가 그대를 둘러싸고 있는가? 그대의 발밑에 있는 대지가 어떠한가? 그 '그것It-ness'을 감지하라.

- 이제 그대의 몸을 느껴라 – 그대의 느낌과 감각을 감지하라.

- 그대의 마음을 감지하라 – 그대의 생각과 상상을 감지하라.

- 끝으로, 이것과 모든 순간을 주시하고 있는 목격자 또는 영을 감지하라 – 이 순간 그대의 '나', '우리', '그것', '몸', '마음'을 자각하고 있는 주시자를 감지하라.

- 이렇게 고요히 다짐하라. "나의 존재와 생성을 구성하고 있는 이 모든 차원을 받아들이겠다. 아무것도 거부하지 않겠다."

여러분은 지금 AQAL – 모든 4분면(나, 우리, 그것)과 모든 수준(몸, 마음, 영) – 의 아주 간결한 버전을 경험했다. 이것은 **자기**와 **문화**와 **자연** 속에 포함되어 있는 **몸**과 **마음**과 **영**을 위한 훈련이다.

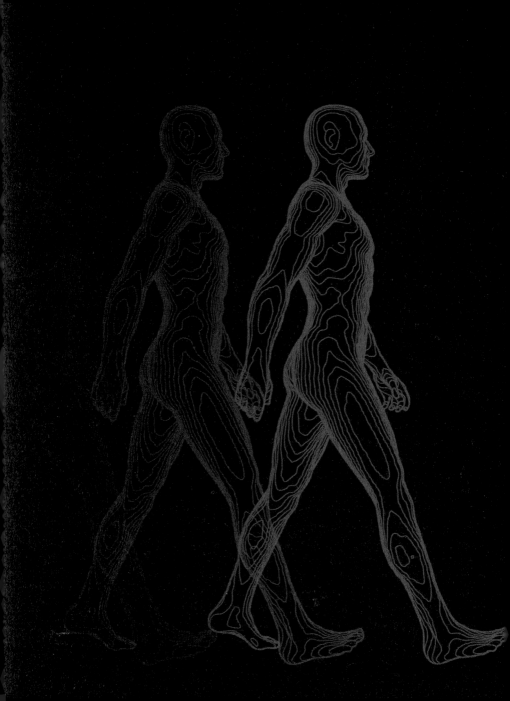

## (3) 그림자Shadow 모듈

내가 만약 마음 모듈을 가장 중요한 모듈이라 생각한다고 했다면, 마음을 바꿔야 하겠다. 그림자 모듈이 가장 중요하다. (사실 모든 모듈이 중요하다. 그렇지 않은가?) 지난 몇십 년 동안 매우 엄밀하게 탐구하면서 배운 또 다른 교훈은, 그림자와 관련된 작업을 하지 않으면 그대 자신의 무의식적인 동기에 의해서 다른 모든 모듈이 방해를 받고 파괴될 수도 있다는 사실이다.

'그림자shadow'는 개인의 무의식 또는 우리가 억압하고, 부정하고, 해리시키고, 내 것이 아닌 양 제켜놓은 심리적인 실체를 가리키는 용어이다. 불행하게도 이 실체는 긍정적으로 작용하지 않고, 오히려 반대로 고통스러운 신경증, 강박관념, 두려움, 그리고 불안의 요인으로 작용한다. 고통스러운 증상을 없애기 위해서뿐만 아니라 정확하고 건강한 셀프이미지를 형성하기 위해서는 이 실체를 노출시키고, 친숙해지고, 자기 것으로 인정하는 과정이 필요하다.

예를 들어 분노나 공격성에 대한 자신의 느낌 때문에 힘들어 하는 어떤 사람이 있다고 하자. 보통사람이라면 화를 내거나 적어도 심하게 짜증을 부릴 상황에 처해도, 이 사람은 번번이 자신의 분노를 억압하고 그것을 느끼려고 하지 않을 것이다. 그러나 그의 분노는 사라지지 않고, 단지 다른 누군가에게 옮겨지거나 투사된다. 그 결과 그는 자기의 분노를 투사한 그 사람이 지독하게 화를 내는 것을 본다. 그러나 그것

이 자신의 분노임을 알 길이 없다. 그것은 자기가 아닌 다른 누군가의 분노인 것이다. 만약 그의 상관이 그에게 불을 뿜었다고 가정해보자. 그러면 그는 풀이 꺾이고 대단히 우울해질 것이다. 자신의 분노는 이미 억압되어 있고, 자기 것이 아닌 양 제쳐져 있다. 그런데 그것이 결국 소외감과 우울증으로 자신에게 돌아온다. 이 사람의 그림자 상자가 이 사람의 삶을 불행하게 이끌고 가는 동안, 분노가 이렇게 슬픔이 된다.

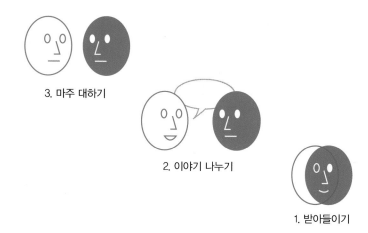

3. 마주 대하기

2. 이야기 나누기

1. 받아들이기

거의 모든 형태의 무의식적인 그림자의 실체를 드러내고 억압된 것을 풀어내는 것은 명상밖에 없다고 생각하는 경향이 있다. 그러나 **많은 사람들이 몇십 년 동안 명상을 했지만** 수많은 그림자 실체가 아직 손도 대지 못한 채 그대로 남아 있다. 그 이유는 무엇을 찾는지 정확히 알지 못하고, 무턱대고 명상을 통해서 특정한 그림자 요소들에 접근하려고 했기 때문이다. 그렇게 해서는 파노라마처럼 흘러가는 산발적인 의식만을 경험할 수밖에 없다. 이런 이유 때문에 레이저 같은 심리치료가 요구된다.

명상은 감수성과 느낌을 증폭시킨다. 그래서 위에 예로 든 분노를 억압한 사람의 경우, 명상을 하면 슬픔과 우울한 느낌을 더욱 생생하게 느끼게 될 것이다. 증폭된 의식으로 자신의 우울한 느낌이 범람하는 것을 느끼는 것이 얼마나 힘들겠는가! 그러나 어디에서 어떻게 찾아야 할지를 모른다면, 이 사람은 자신의 우울한 느낌 속에 비밀스럽게 감추어져 있는 분노와 격분을 결코 발견할 수 없을 것이다. 이런 것을 찾는 심리학적인 작업은 심층심리학의 영역에 속한다. 이런 방법은 대개 현대 서구에서 개발되었다. 명상은 심리치료를 도울 수 있지만, 대체할 수는 없다.

게슈탈트 요법에서부터, 정신분석 요법, 교류분석에 이르기까지 그림자를 다루는 효과적인 심리요법이 많다. 그림자를 직접 다루지 않는, 다른 형태의 심리요법 중에도 신경증 치료에 효과가 있는 것들이 있다. 인지와 대인관계에 초점을 맞춘 접근이 특별히 효과가 있다는 것은 충분히 입증되었다. 내면 상태에 대한 일기를 쓰거나 스스로의 내면과 소리를 내어 대화를 하는 것도 도움이 될 것이다. 우리는 이 모든 것을 '그림자 작업shadow work'이라고 부른다.

어떤 형태의 심리요법을 선택해도 좋다. 하지만 어떤 식으로라도 그림자 작업을 하지 않으면 통합적인 삶을 위한 훈련은 완성되지 않는다. 단순한 제안을 하자면, 그림자 작업을 너무 어렵게 생각하지 말라는 것이다. 왜냐하면 깨어남을 향해 나아가는 길에 여러분의 그림자가 뒤에서 늘 동행할 것이기 때문이다. 사실 그림자는 다루기 힘든 심술쟁이다. 그러나 나는 여러분이 그런 그림자를 발견하고 그것이 자신의 일부임을 알게 될 것이라고 생각한다.

여기에 1분 그림자 모듈이 있다. 우리는 이것을 '3-2-1 그림자 작업'

이라고 부른다. '그것' 영역에서 일어나는 증상을 취해서 그것을 자신의 양상으로 전환시키는 과정이, 처음에는 그림자를 **3인칭으로 마주 대하고**, 다음에는 **2인칭으로 여겨서 이야기를 나누고**, 마지막으로 **1인칭 자기로 받아들이는 것**으로 이루어져 있기 때문이다. '마주 대하기 FACE - 이야기 나누기TALK - 되기BE'.

**1분 모듈**
**3-2-1 과정**

필요할 때는 언제라도 3-2-1 작업을 할 수 있다. 그러나 특별히 효과가 있는 시간은 아침에 잠에서 깰 때와 밤에 잠자리에 들기 전이다. 한 번 익혀놓으면 3-2-1 과정을 끝내는 데 1분밖에 걸리지 않는다. 그러니 다른 것의 방해를 받을 염려가 없다.

*아침에 잠에서 깰 때(침대에서 나오기 전에) 꿈을 회상하라. 꿈에서 누구와 긍정적이든지 부정적이든지 감정 교류가 있었는지 확인해보라. 그 사람을 '마주 대하고', 거부하지 말고 마음속으로 품어라. 그런 다음 그와 '이야기를 나누어라'. 아니면 그저 공명(동조)하라. 마지막으로, 그의 시각을 자기 것으로 여기고 그 사람이 '되라'. 이 연습을 하기 위해서 무엇을 기록할 필요는 없다. 모든 과정을 마음속에서 진행하면 된다.*

*잠자리에 들기 전에, 하루 동안 자신을 혼란스럽게 했거나 유독 마음에 끌렸던 사람을 떠올려라. (위에서 설명한 것과 똑같이) 그 사람을 '마주 대하고', '이야기를 나누고', 그가 '되라'.*

*낮이든 밤이든 어느 때라도 필요하면 이 3-2-1 과정을 혼자 조용히 진행할 수 있다.*


## 보조(또는 보충) 모듈

몸, 마음, 영, 그리고 그림자 모듈이 **핵심** 모듈이다. 그 이유는 첫째, 이들이 아주 본질적이기 때문이고, 둘째로 이들이 여러분 자신에게 큰 영향을 줄 수 있기 때문이다. **보조** 모듈은 여러분의 개인과 관련된 훈련의 진보와 더불어 여러분의 관계, 직업, 일, 가족, 결혼생활, 친밀한 협력관계의 성장을 지향하는 것들이다.

여러 보조 모듈 중에서 가장 중요한 것은 **윤리 모듈**이다. 최근에 통합연구소에서 www.IntegralNaked.org의 한 온라인 방송 프로그램 회원 8,000명 정도에게 "여러분 자신의 통합적인 삶을 위한 훈련에 어떤 모듈을 포함시키면 좋을까?"라는 설문조사를 실시했다. 명상, 일, 관계, 다이어트, 섹스 등 그 대답은 다양했는데, 가장 많은 사람들이 명상을 선택했고, 2번째로 많은 사람들이 선택한 것은 '윤리'였다. 음식,

관계, 섹스를 제치고 많은 사람들이 윤리를 선택했다. 우리 문화가 도덕적인 잣대를 잃어버렸기 때문에, 많은 사람들이 그에 대한 어떤 안내를 갈구하고 있음을 보여주는 결과라고 볼 수 있다.

윤리 모듈은 두 가지 기본적인 일반론에 초점이 맞추어져 있다. 첫째는 더 많은 시각을 고려한 행동이 더 도덕적(또는 윤리적)이라는 것이다. 1인칭 시각에서 취하는 행동은 **자기중심적**이다. 2인칭 시각에서 취하는 행동은 **민족중심적**이다. 3인칭 시각에서 취하는 행동은 **세계중심적**이다. 그리고 4인칭, 5인칭 시각에서 취하는 행동은 **온 우주중심적**이다.

이렇게 이해하면 쉽다. 세계중심적인 행동은 민족중심적인 행동보다 낫다. 세계중심적인 행동이 민족중심적인 행동보다 더 도덕적이고, 민족중심적인 행동은 자기중심적인 행동보다 더 도덕적이다. 더 많은 시각을 고려한 행동이 더 도덕적이기 때문이다. 캐럴 길리건이 제시한 도덕성 발달단계(**이기적** 단계에서 관심 단계, 보편적인 관심 단계, **통합** 단계로 진행되는)처럼, 상위 수준이 하위 수준보다 더 윤리적일 수 있다. 왜냐하면 상위 수준일수록 어떤 결정을 내리기까지 더 많은 시각을 고려할 수 있기 때문이다. 여러분은 어떤 사람의 결정이 여러분에게 영향을 미치기를 바라는가? 자기중심적인 사람인가, 아니면 세계중심적인 사람인가?

우리는 앞에서 앰버 수준의 도덕적 절대주의와 그린 수준의 도덕적 상대주의를 넘어서는 길이 있음을 보았다. 통합적인 윤리는 하위 수준의 시각을 포함하고 그것을 초월하는 도덕적 기준을 회복하는 것을 의

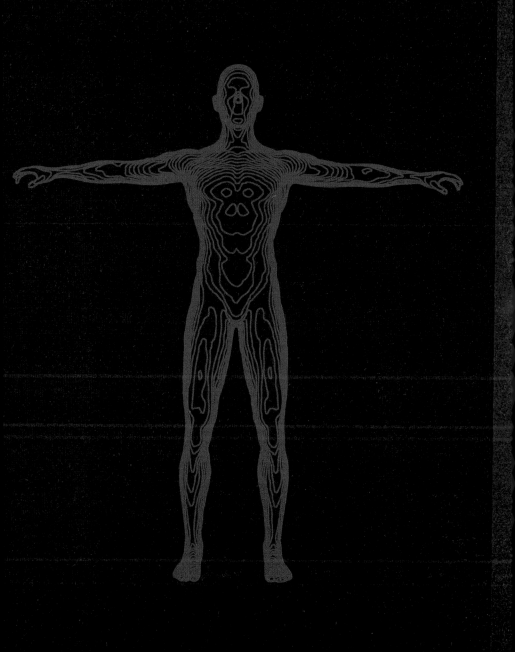

미한다.

2번째 일반론은, **가장 넓은 범위span의 가장 깊은 깊이depth를 보호하고 증진하는** 행위가 윤리적인 행위라는 것이다. 이 원칙은 **기본적인 도덕적 직관**Basic Moral Intuition 또는 BMI로 알려져 있다. 여기서 '깊이'란 하나의 홀론holon에 포함되어 있는 수준의 수數를 말하는 것이고, '범위'는 어떤 수준을 차지하고 있는 홀론의 수數를 가리킨다. 만약 〈도표 14〉를 이용한다면 적외선의 깊이는 1, 레드는 3, 오렌지는 5, 터콰이즈는 8, 바이올렛은 10이라는 식으로 깊이의 수를 정할 수 있을 것이다.

그러나 이것만으로는 8이 5보다 낫고, 5는 3보다 낫다는 것을 알기에 충분하지 않다. 우리는 이런 기준이 다른 홀론들 곧 인간과 인간이 아닌 모든 것에 어떻게 적용될 수 있는지를 알아야만 한다. 사람은 암소보다 깊고, 암소는 당근보다 깊으며, 당근은 박테리아보다 깊고, 박테리아는 쿼크보다 깊다. 그래서 우리는 암소와 박테리아 둘 중에 하나를 죽여야만 한다면 박테리아를 죽이는 쪽을 선택한다. 그러나 만물은 서로 연결되어 있기 때문에 우리는 단지 깊이만 고려하고 행동하지 않는다. 깊이는 매 수준마다 그 수준의 범위와 교차한다. 생태학적인 자각과 생태학적 윤리는 깊이와 범위 사이에서 균형 잡힌 행동을 할 것을 요구한다. 깊이만 선택하는 것은 인간중심적이다. 범위만 선택하는 것은 박테리아중심적이다. 우리는 둘 중에 하나가 아니라, 둘 다를 보호하고 증진하는 쪽을 선택해야 한다. 이것이 우리의 기본적인 도덕적 직관이다.

다른 보조 모듈로는 정서변형 모듈, 카르마 요가(이 세상에서 우리가 해야 할 일) 모듈, 성적인 요가 모듈, 관계 모듈, 가족과 양육 모듈 등이 있다. 지금 예시한 것을 포함해서 업데이트된 다른 모듈을 살펴보려면 www.IntegralTraining.org를 방문하길 바란다.

이제 핵심 모듈 중에서 하나만 남았다. 그런데 마음을 또 바꿔야겠다. 내 생각으로는 이 모듈이 그 어떤 모듈보다 중요하다.


## (4) 영Spirit 모듈: 광대하게 열려 있는 큰 마음과 넓은 가슴

우리는 요즈음 많은 사람들이 자신이 '영적이지만 종교적이지는 않다'고 흔히 말하고 있다는 것을 안다. 일반적으로 '종교적'이라고 할 때는 종교의 제도화된 형태 곧 교리, 신화, 의무적인 믿음, 낡고 퇴색한 제의 등을 일컫는다. 반면에 개인적인 가치 기준, 현재의 각성, 내면의 실재, 직접적인 체험 등을 '영적'이라고 한다. 물론 종교의 어떤 양상은 영적이다. 하지만 대부분의 제도화된 종교는 근대 이전의 낡은 유물이다. 아니면 적어도 발달 단계에서 전前이성적인 수준이다.

존재의 근거를 직접 체험하는 것을 영이라고 할 수 있다. 어떤 사람의 궁극적인 관심을 영이라고 할 수도 있다. 삶에 '하나임' 감각a sense of oneness과 초월의 의미를 부여해주는 것을 영이라고 할 수도 있다. 존재의 가장 깊은 본성과 그 상태를 영이라고 할 수도 있다. 우리는 5장에서 이에 대해서 살펴본 바 있다. 그러나 중요한 것은 여러분이 존재의 영적인 차원을 믿을 수도 있고 믿지 않을 수도 있다는 것이다. 영적인 모듈의 핵심은 명상 또는 정관靜觀이다. 그래서 영적인 모듈을 고안할 때 보다 '과학적인' 지향(명상은 일종의 이완반응이다)부터 보다 '영적인' 지향(명상은 존재의 궁극적인 근거 또는 그 이름이야 무엇이 되었든지 신의 영역으로 들어가는 통로다)까지 명상에 대한 다양한 지향성을 될 수 있으면 폭넓게 다루려고 했다. 어떤 것이든지 여러분에게 편안한 것을 선택해서 연습하면 된다.

통합적인 삶을 위한 훈련만의 아주 독특한 내용이 있는데, 우리는 그것을 '영의 세 얼굴'이라고 부른다. 때때로 '신의 일-이-삼'(또는 신의 1-2-3)이라고 하기도 한다. 기본적인 생각은 나타난 모든 것이 4개의 4분면을 갖는 것처럼 영도 그렇다는 것이다. 그래서 영과 관련해서도 4개의 4분면(또는 간단하게 영에 대한 1인칭, 2인칭, 3인칭 시각)을 이용한다.

3인칭 시각에서는 영이 거대한 생명의 그물, 거대한 '그것'으로 인지되는 존재 전체, 모든 존재로 구성된 거대한 시스템, 또는 대문자 N으로 표현하는 대자연Nature으로 보인다. 스피노자는 이런 신 개념으로 유명하다.

2인칭 시각에서는 영이 위대한 당신, 모든 존재의 근거이자 모든 것을 존재하게 하는 살아 있는 우주적인 지성과 사랑으로 보인다. 서양의 유신론 전통은 영의 이 얼굴을 특별히 강조한다.

1인칭 시각에서는 영이 큰 나 또는 '나-나(I-I)', 나의 모든 것을 주시하고 있는 나, 순수하고 무한한 참자아, 브라만인 아트만, 지금과 모든 순간에 현존하고 있는 진정한 마음 또는 진정한 의식인 큰 마음 등으로 보인다.

어떤 얼굴이 정확한 얼굴인가? 물론 모두 다 정확한 얼굴이다. 영에게는 4개의 4분면 또는 3개의 얼굴이 있다. 이 중에서 여러분이 맞는다고 느끼는 시각을 선택해서 사용할 수 있다. 하지만 이들 모두를 사용하는 통합적인 영성 훈련을 위한 특별한 훈련법이 있다. 우리가 선택한 것이 바로 그것이다.

다음은 영을 위한, 영의 3가지 얼굴에 초점을 맞춘 1분 모듈이다.

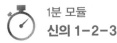

1분 모듈
**신의 1-2-3**

여러분은 어느 순간에라도 신을 3인칭 '그것'으로, 2인칭 '당신'으로, 1인칭 '나'로 체험할 수 있다. 단순하게 다음 문장을 조용히 반복하면서, 각 시각이 고요하게 형성되어 여러분의 의식에 자연스럽게 스며들게 하라.

- 나는 나타나고 있는 모든 것 속에서 고요히 신을 본다. - 이것과 모든 순간의 위대한 완전함을 본다.

- 나는 내가 무한한 감사와 기도를 드리기도 전에 나를 완전히 용서하고, 모든 은총을 베푸는 무한한 당신인 신을 바라보며 그와 교류한다.

- 나는 내 자신의 주시자이며, 근원적인 참자아이며, 모든 것과 하나인 큰 마음인 신 안에서 안식한다. 나는 늘 편안하고 자연스러운 이 상태에 머문다.

'신'이라는 말 대신 궁극적인 존재를 부를 다른 이름을 써도 좋다. '영', '여호와', '알라', '주님', '하느님' 등 무엇이라도 괜찮다.

다음은 보다 더 1인칭 지향적인 명상이다.

그대의 현재의 의식에 주의를 기울여라. 그대의 의식 속에 떠오르는 것들에 주목하라. 그대의 마음에 떠오르는 이미지와 생각들, 그대의 몸에 떠오르는 느낌과 감각, 그대를 둘러싸고 있는 환경에 나타나는 수많은 대상들에게 주의를 기울여라. 이 모든 것이 그대의 의식에서 떠오르고 있는 대상들이다.

이제 5분 전에 그대의 의식 속에 무엇이 있었는지 생각해보라. 대부분의 생각, 대부분의 몸의 감각, 그리고 아마 대부분의 환경이 바뀌었을 것이다. 5분 전에도 있었는데 지금도 있는 것은 무엇인가?

'나I AMness'이다. '나'라는 느낌, '나'라는 의식이 아직 그대로 있다. '나'는 영원히 현존하는 바로 그 '나'이다. 그 '나'가 지금 현존하고 있으며, 바로 전 순간에도 있었고, 1분 전에도 있었으며, 5분 전에도 있었다.

5시간 전에는 무엇이 있었는가?

'나'이다. 스스로 자기를 알고, 스스로 자기를 인지하며, 스스로 자기임을 확인하는 그 '나I AMness'라는 느낌이 5시간 전에도 있었다. 5시간 전에 있던 그것이 지금도 현존하고 있다. 생각은 다 바뀌었고, 몸의 감각도 모두 바뀌었으며, 환경도 바뀌었다. 그러나 '나ⁱ ᴬᴹ'는 여전히 있다. 빛나고, 열려 있고, 비어 있고, 깨끗하고, 광대하고, 투명한 '나'가 늘 현존한다. 대상은 모두 바뀌었다. 그러나 형상이 없는 '나'는 여전히 그대로이다. 이 명백하게 현존하는 '나'가 5시간 전에 있었던 것처럼 지금도 있다.

5년 전에는 무엇이 있었는가?

'나'이다. 많은 것이 왔다가 갔다. 수많은 느낌이 왔다가 갔다. 수많은 생각이 왔다가 갔다. 수많은 극적인 사건, 두려움, 사랑, 증오가 와서 잠시 머물다 갔다. 그러나 오지도 않고 가지도 않은 것이 딱 하나 있다. 그게 무엇인가? 그대의 의식 속에 5년 전에도 있었는데 지금도 그대로 있는 그 하나가 무엇인가? 시간을 초월하여 영원히 현존하는 '나'라는 느낌이 그것이다. 그것이 5년 전에 있었던 것처럼 지금도 있다.

5세기 전에는 무엇이 있었는가?

언제나 현존하는 것은 '나'이다. 모든 사람이 이 동일한 '나'를 느낀다. 이 '나'는 몸이 아니다. 생각도 아니고, 대상도 아니고, 환경도 아니다.

이 '나'는 보이는 그 어떤 것도 아니다. '나'는 영원히 현존하는 '보는 자'이다. 일어나는 모든 것을 주시하는 비어 있는 목격자이다. 어떤 사람에게서, 어떤 세상에서, 어떤 곳에서, 언제 일어나는 일이든지 모두 지켜보는 목격자이다. 시간이 끝날 때까지 모든 것을 지켜보는 목격자이다. 늘 지켜보고 있는 이 '나'만이 유일하게 늘 현존한다. 스스로 자기를 알고, 스스로 자기를 느끼고, 스스로 자기를 초월하는 이 밝은 '나'만이 늘 현존한다. 이 '나'가 지금도 있고, 5분 전에도 있었고, 5시간 전에도 있었고, 5세기 전에도 있었다.

5천 년 전에는?

아브라함이 있기 전부터 내가 있었다. 우주가 탄생하기 전부터 내가 있었다. 이것이 나의 본래면목이다. 나는 부모가 태어나기 전에도 있었고, 우주가 태어나기 전에도 있었다. 이 '나'가 스스로 창조한 대상들 속에 자신을 숨기고 그것을 찾는 게임을 하기로 결정했던 것이다.

이제 다시는 이 '나 I AMness'를 모르는 척하지 않으리라. 이제 다시는 이 '나'를 느낄 수 없는 척하지 않으리라.

이제 숨바꼭질 게임은 끝났다. 수많은 생각이 왔다가 갔다. 수많은 느낌이 왔다가 갔다. 수많은 대상이 왔다가 갔다. 그러나 오지도 않고 가지도 않는 것이 하나 있다. 태어나지도 않고 죽지도 않는 것, 시간의 흐름 속으로 결코 들어오지도 않고 나가지도 않는 것, 시간을 넘어선 순수한 현존, 영원을 거니는 것이 곧 그것이다. 내가 이 위대하고, 명백하고, 스스로 자기를 알고, 스스로 자기임을 확인하며, 스스로 자기를 해방시키는 '나'이다.

아브라함이 있기 전부터 내가 있었다.

'스스로 있는 나 I AM'가 곧 1인칭 영 Spirit, 궁극적인 존재, 장엄한 존재, 모든 것을 창조하고 있는 온 우주의 빛나는 참자아이다. 모든 사람이 누구나 그 '나'를 느낀다. 그 '나'가 나와 너와 그와 그들 안에 현존하고 있기 때문이다.

온 우주의 수많은 존재들의 '나'를 모두 합해도 그 수數는 1일뿐이다.

항상 지금 그대가 느끼고 있는 바로 그 '나임 I AMness'에 머물러라. 그것은 그대 안에서 그리고 그대로서 스스로 빛을 발하는, 태어나지 않은 영이다. 상황에 따라 그대의 모습을 다양하게 연출하라. 그러나 늘 모든 것의 근거에 머물도록 하라. 완전히 명백한 '나임' 상태에 머물면서, 그 '나'가 창조한 세상에서 그대의 몫을 살아라.

chapter

**끝이 아니라,
시작이다**

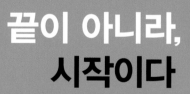

보라!
# 보라!
무엇이 보이는가?

그대가 만약 그대의

의식 속에서

일어나는

이것과 온 세상을

주시하는 목격자로

머물 수만 있다면…

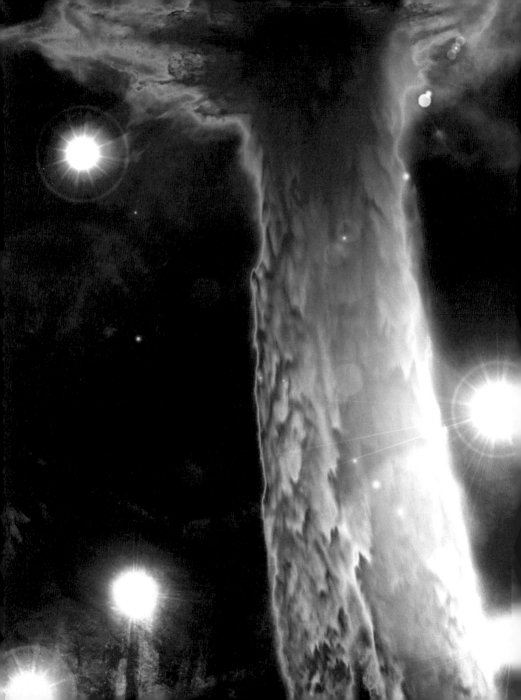

AQAL 또는 IOS 자체는 지도일 뿐 그 이상이 아니다. 이것은 실제 땅이 아니다. 하지만 지금 현재로서는 우리가 가질 수 있는 지도 중에서 가장 포괄적인 지도라고 할 수 있다. 그리고 이 점이 중요한데, 이 통합지도 자체가 말이나 개념에 사로잡히지 말고 실제 땅으로 나아가라고 역설하고 있다. 모든 4분면은 1인칭, 2인칭, 그리고 3인칭 실체를 표현하는 다른 방식일 뿐임을 기억하라. 통합지도, AQAL, 그리고 IOS는 추상적인 3인칭 언어 곧 '그것'을 가리키는 사인과 상징으로 구성되어 있다. 그러나 그 3인칭 언어 자체가 2인칭의 대화, 접촉, 상호관심은 물론이고 1인칭의 직접적인 느낌과 체험, 그리고 의식을 포함시켜야 함을 강조하고 있다. 통합지도 그 자체는 이렇게 말한다. "이 지도는 3인칭 지도일 뿐이다. 그러니 다른 중요한 실체를 잊지 않도록 하라. 포괄적인 접근에도 그 모두가 포함되어야만 한다."

우리는 앞에서 통합모델의 몇 가지 '응용사례'를 살펴보았다. 이제는 모델 자체가 지니고 있는 몇 가지 중요한 점을 간단하게 요약하면서 마무리할까 한다.

**AQAL**은 **모든 4분면, 모든 수준**all quadrants, all levels를 짧게 표시한 것인데, 실제로는 그 무엇이라도 진정으로 통합적인 접근 또는 포괄적인 접근이 되려면 꼭 포함시켜야 하는 5가지 중요한 기본 요소인 '모든 4분면, 모든 수준, 모든 라인, 모든 상태, 모든 타입all quadrants, all levels, all lines, all states, all types'을 가리킨다.

AQAL을 어떤 활동을 조직하거나 이해하는 데 도움이 되는 안내구조로 쓰는 경우에는 **통합운영체제**Integral Operating System 또는 줄여서 그냥 IOS라고 쓰기도 한다. 보다 더 진보한 형태의 IOS가 있을 수 있다. 그러나 이 책에서 소개한 것처럼 **IOS에는 기본적으로** 5가지 중요한 요소가 모두 포함되어야 한다. 누구라도 보다 더 포괄적이고, 총체적이고, 효과적인 접근을 향해 출발하려면 4분면, 수준, 라인, 상태, 타입을 모두 고려해야만 한다.

앞에서 다룬 **통합적인 삶을 위한 훈련**에서처럼, AQAL 또는 IOS를 실제 삶에서의 개인의 성장과 발달과 관련해서 사용하면 매우 포괄적이고 효과적인 변형이 가능해진다. 통합연구소의 연구원들이 이를 위한 간단하고 쉬운 입문 성격을 지니고 있는 '**ILP Starter Kit**(초보자를 위한 통합적인 삶을 위한 훈련 도구)'라는 것을 만들었는데, 아마 점검해 보고 싶을 것이다. 나는 장사꾼처럼 선전하고 싶지 않다. 하지만 이러지 않고는 ILP Starter Kit가 쓸모 있다는 것을 달리 설명할 길이 없다. 적어도 몇몇 사람은 아주 신선하다고 생각할 것이다(www.integrallife. com에서 확인해보기 바란다).

또 다른 중요한 사실은, IOS는 **중립적인 구조**라는 것이다. 무엇을 생각하라고 하지도 않고, 어떤 특정한 주의나 주장을 강요하지도 않는다. 여러분의 생각을 어떤 형태로든 지배하려고 하지 않는다. 예를 들어 사람에게는 깨어 있는 상태와 꿈꾸는 상태와 깊은 잠의 상태가 있다고 말하는 것은, 여러분이 깨어 있을 때 무엇을 생각해야 하고 꿈을 꿀 때는 무엇을 보아야 한다고 말하는 것이 아니다. 단지 사람을 포괄적으로 이해하려면 깨어 있는 상태, 꿈꾸는 상태, 그리고 무형無形의 상태가 있음을 알아야 하고 이 모두를 고려해야 한다고 말하는 것이다.

모든 것이 4개의 4분면 또는 단순하게 '나', '우리', '그것' 차원을 갖는다고 말하는 것도 마찬가지이다. 그것은 '내가' 무엇을 해야만 한다거나, '우리'가 무엇을 해야만 한다거나, 또는 '그것'이 어떠해야만 한다고 말하는 것이 아니다. 그저 단순히, 중요한 가능성을 모두 포함시키고자 한다면 1인칭과 2인칭과 3인칭 시각이 모두 포함되어야 한다고 말하는 것이다. 전 세계의 주요 언어에 이들 세 시각이 모두 다 있기 때문이다.

IOS는 엄밀한 중립 구조이기 때문에, 실제로 어떤 상황에라도 폭넓게 적용할 수 있다. 이것은 어떤 상황을 보다 더 명확하게 이해하게 해주기 때문에, 개인의 변형이나 사회적인 변화나 사업의 성공이나 다른

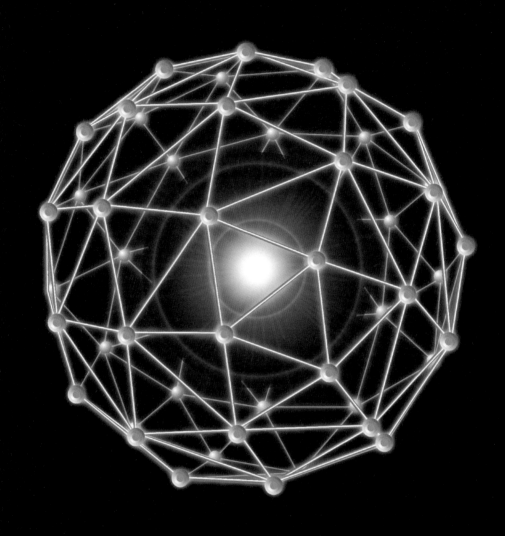

사람에 대한 관심이나 아니면 그저 단순하게 행복한 삶을 훨씬 더 성공적으로 가능하게 해준다.

그러나 무엇보다도 가장 의미 있는 것은 이것이리라. IOS를 의료, 예술, 비즈니스, 영성, 생태정책 등 어떤 영역에나 적용할 수 있기 때문에 역사상 처음으로 모든 영역들 사이에 광범위하고 효과적인 대화가 가능해졌다는 것이다. 비즈니스에 IOS를 적용하고 있는 어떤 사람이 시, 춤, 또는 다른 예술 분야에 IOS를 적용하고 있는 사람과 쉽게 실제적인 대화를 할 수 있다. 왜냐하면 의사소통을 할 수 있는 **공통의 언어** 곧 같은 운영체제를 갖고 있기 때문이다. IOS를 사용하면 그 위에서 수많은 다른 '소프트웨어' 프로그램을 돌릴 수 있을 뿐만 아니라, 모든 프로그램이 서로 의사소통을 하면서 서로가 서로에게 배울 수 있다. 그래서 존재와 앎과 행위 차원에서 어마어마한 진화적인 전개와 진보가 일어날 것이다.

이것이 바로 전 세계의 수많은 학자와 교사들이 세계에서 최초로 만들어진 통합교육 공동체인 통합연구소Integral Institute를 찾아와 합류하는 이유일 것이다. 의사소통을 불가능하게 하는 전문용어와 뜻을 알 수 없는 말 때문에 분리되어 있던, 인간의 다양한 활동 영역이 통합운영체제를 가동하면서 상호간에 효과적인 의사소통이 가능해지기 시작했다. 모든 영역이 서로 이야기를 나눌 수 있고, 서로가 서로에게 배울 수 있게 되었다. 역사상 이런 일은 한 번도 없었다. 그래서 우리가 통합을 향한 모험을 시작한 것이다.

그러나 잘 살펴보면 몇 가지 간단한 요점으로 정리된다. 여러분 자신의 성장과 발달 과정에서, 여러분의 자아와 문화와 자연이 점차 더 높고, 더 넓고, 더 깊은 존재 양태로 발전해 나갈 것이다. 여러분의 진·선·미가 깊고 넓어짐에 따라서, 여러분의 아이덴티티identity가 '나'라고 하는 고립된 상태에서 '우리'라고 하는 충만한 아이덴티티로, 그리고 더 나아가 '우리 모두'라고 하는 더 깊은 아이덴티티로 확장될 것이다. 일찍이 없었던 너비를 포용한 확장된 의식이 여러분 안에서 실현되고, 자연에서 체현되며, 문화에서 표현될 것이다.

**그러므로 자아와 문화와 자연 차원에서 몸과 마음과 영을 연마하라.** 이것이 통합적인 접근의 범상치 않은 목적이자 목표이다. 우리는 여러분이 이 흥미진진한 시도에 합류하기를 진심으로 바란다.

새로운 모험, 새로운 정책, 그리고 실로 새로운 혁명이 지평선에서 우리를 기다리고 있다. 그것이 감지되는가?

새 일이 이루어졌다. 새 찬송이 울려 퍼졌다. 새로운 대지가 드러났다. 그리고 말로 표현하기에는 너무 충만하고, 눈으로 보기에는 너무 밝고, 가슴으로 품기에는 너무 무한하고, 손으로 만지기에는 너무 영원한, 그러나 바로 지금 여기에, 그대의 숨결보다 더 가까이에, 그대의 생각보다 더 내면에, 그리고 그 무엇보다도 영Spirit 가까이에 있는 그대의 가슴의 비밀이 밝혀졌다. 그대의 이 속알inside of You이 지금 이 책을 읽고 있고, 세상을 내다보며, 그것들이 그대에게 무슨 의미가 있는지를 찾고 있다. 눈에 보이는 그대가 아니라, 그대 안에서 보고 있는 자가 그렇게 하고 있다.

그대 안의 보는 자, 지금 여기와 아우르는 전체 세상을 목격하는 자. 그는 매순간, 그리고 모든 순간 떨리는 희열로 자유를 수놓으며 불꽃처럼 반짝이고 있다. 그 작열하며 상승하는 자유는 날숨을 따라 무한으로 방출된다. 면도날처럼 강렬한 그 광채가 무한한 자비, 본래 그대로의 완전함, 온 몸에 스미는 따스함을 선물로 남기면서 척추를 타고 그대의 몸에서 출발하여 저 너머에 이른다. 이 선물은 너무 거대하기에, 만약 그대 속에 다 담으려고 한다면 그대의 몸이 터져버릴지도 모른다. 그대가 만약 옆으로 물러난다면, 그리하여 이 모든 것을 받아들여 그대의 존재 전체를 채운다면, 그대로 하여금 그대를 넘어서도록 팽창시키는 이 충만함과 이 자유를 지금 느낄 수 있으리라. 그대의 의식 속에서 자연스럽게 떠오르는, 지금 여기와 온 세상을 목격하고 있는 자로서 편안히 머문다면, 그대가 만든 세상에서 뜨고 지는 빛나는 태양처럼, 자유와 충만함이 그대 내면의 투명하게 비어 있는 광대한 하늘을 가로질러 감을 보게 되리라.

이 빛나는 광활함은, 순간에서 순간으로, 매 순간 그러했듯이 바로 그대 자신이다. 바라보라! 바라보라! 바라보라! 무엇이 보이는가? 진정한 그대 자신의 본질, 그대 자신의 근원적인 현존이 주는 멋진 일미—味가 모든 곳에서 세상으로 나타나고 있음을 볼 수 있는가? 바로 지금 그대가 느끼고 있는 세상이 곧 '저 너머'에 있는 세상이 아니고 무엇이겠는가?

모든 것이 그대이다.

그대는 공empty이다.

공에서 모든 것이 저절로 나온다.

저절로 나타나는 그것이 해탈Self-liberating이다.


친구여, 함께 가자. 그리고 마지막으로 이 명상을 함께하자.

그대의 현재 의식에 주의를 기울여라. 그대의 의식 속에 떠오르는 것들에 주목하라. 그대의 마음에 떠오르는 이미지와 생각들, 그대의 몸에 떠오르는 느낌과 감각, 그대를 둘러싸고 있는 환경에 나타나는 수많은 대상들에게 주의를 기울여라. 이 모든 것이 그대의 의식에서 떠오르고 있는 대상들이다.

이제 5분 전에 그대의 의식 속에 무엇이 있었는지 생각해보라. 대부분의 생각, 대부분의 몸의 감각, 그리고 아마 대부분의 환경이 바뀌었을 것이다. 5분 전에도 있었는데 지금도 있는 것은 무엇인가?

'나 AMness'이다. '나'라는 느낌, '나'라는 의식이 아직 그대로 있다. '나'는 영원히 현존하는 바로 그 '나'이다. 그 '나'가 지금 현존하고 있으며, 바로 전 순간에도 있었고, 1분 전에도 있었으며, 5분 전에도 있었다.

5시간 전에는 무엇이 있었는가?

'나'이다. 스스로 자기를 알고, 스스로 자기를 인지하며, 스스로 자기임을 확인하는 그 '나 AMness'라는 느낌이 5시간 전에도 있었다. 5시간 전에 있던 그것이 지금도 현존한다. 생각은 다 바뀌었고, 몸의 감각도 모두 바뀌었으며, 환경도 바뀌었다. 그러나 '나 AM'는 여전히 있다. 빛나고, 열려 있고, 비어 있고, 깨끗하고, 광대하고, 투명한 '나'가 늘 현존하고 있다. 대상은 모두 바뀌었다. 그러나 형상이 없는 '나'는 여전히 그대로이다. 이 명백하게 현존하는 '나'가 5시간 전에 있었던 것처럼 지금도 있다.

5년 전에는 무엇이 있었는가?

'나'이다. 많은 것이 왔다가 갔다. 수많은 느낌이 왔다가 갔다. 수많은 생각이 왔다가 갔다. 수많은 극적인 사건, 두려움, 사랑, 증오가 와서 잠시 머물다 갔다. 그러나 오지도 않고 가지도 않은 것이 딱 하나 있다. 그게 무엇인가? 그대의 의식 속에 5년 전에도 있었는데 지금도 그대로 있는 그 하나가 무엇인가? 시간을 초월하여 영원히 현존하는 '나'라는 느낌이 그것이다. 그것이 5년 전에 있었던 것처럼 지금도 있다.

5세기 전에는 무엇이 있었는가?

언제나 현존하는 것은 '나'이다. 모든 사람이 이 동일한 '나'를 느낀다. 이 '나'는 몸이 아니다. 생각도 아니고, 대상도 아니고, 환경도 아니다. 이 '나'는 보이는 그 어떤 것도 아니다. '나'는 영원히 현존하는 '보는 자'이다. 일어나는 모든 것을 주시하는 비어 있는 목격자이다. 어떤 사람에게서, 어떤 세상에서, 어떤 곳에서, 언제 일어나는 일이든지 모두 지켜보는 목격자이다. 시간이 끝날 때까지 모든 것을 지켜보는 목격자이다. 늘 지켜보고 있는 이 '나'만이 유일하게 늘 현존한다. 스스로 자기를 알고, 스스로 자기를 느끼고, 스스로 자기를 초월하는 이 밝은 '나'만이 늘 현존한다. 이 '나'가 지금도 있고, 5분 전에도 있었고, 5시간 전에도 있었고, 5세기 전에도 있었다.

5천 년 전에는?

아브라함이 있기 전부터 내가 있었다. 우주가 탄생하기 전부터 내가 있었다. 이것이 나의 본래면목이다. 나는 부모가 태어나기 전에도 있었고, 우주가 태어나기 전에도 있었다. 이 '나'가 스스로 창조한 대상들 속에 자신을 숨기고 그것을 찾는 게임을 하기로 결정했던 것이다.

이제 다시는 이 '나'를 모르는 척하지 않으리라. 이제 다시는 이 '나'를 느낄 수 없는 척하지 않으리라.

이제 숨바꼭질 게임은 끝났다. 수많은 생각이 왔다가 갔다. 수많은 느낌이 왔다가 갔다. 수많은 대상이 왔다가 갔다. 그러나 오지도 않고 가지도 않는 것이 하나 있다. 태어나지도 않고 죽지도 않는 것, 시간의 흐름 속으로 결코 들어오지도 않고 나가지도 않는 것, 시간을 넘어선 순수한 현존, 영원을 거니는 것이 곧 그것이다. 내가 이 위대하고, 명백하고, 스스로 자기를 알고, 스스로 자기임을 확인하며, 스스로 자기를 해방시키는 '나'이다.

아브라함이 있기 전부터 내가 있었다.

'스스로 있는 나 I AM'가 곧 1인칭 영 Spirit, 궁극적인 존재, 장엄한 존재, 모든 것을 창조하고 있는 온 우주의 빛나는 참자아이다. 모든 사람이 누구나 그 '나'를 느낀다. 그 '나'가 나와 너와 그와 그들 안에 현존하고 있기 때문이다.

온 우주의 수많은 존재들의 '나'를 모두 합해도 그 수 數는 1일 뿐이다.

항상 지금 그대가 느끼고 있는 바로 그 '나임 I AMness'에 머물러라. 그것은 그대 안에서 그리고 그대로서 스스로 빛을 발하는 태어나지 않은 영이다. 상황에 따라 그대의 모습을 다양하게 연출하라. 그러나 늘 모든 것의 근거에 머물도록 하라. 완전히 명백한 '나임' 상태에 머물면서, 그 '나'가 창조한 세상에서 그대의 몫을 살아라.

이제 새로운 아침이고, 새 날이고, 새 사람이다. 새로운 인간은 통합적이다. 그래서 새로운 세상이 열린다.

# 켄 윌버의 저술 목록

*The Spectrum of Consciousness* (1977). An introduction to the full spectrum model, the first to show, in a systematic way, how the great psychological systems of the West can be integrated with the great contemplative traditions of the East.
†《의식의 스펙트럼》 박정숙 옮김 | 범양사 | 2006

*No Boundary: Eastern and Western Approaches to Personal Growth* (1979). A simple and popular guide to psychologies and therapies available from both Western and Eastern sources; designated by Wilber as reflecting the "Romantic"phase of his early work.
†《무경계》 김철수 옮김 | 정신세계사 | 2012

*The Atman Project: A Transpersonal View of Human Development* (1980). The first psychological system to suggest a way of uniting Eastern and Western, conventional and contemplative, orthodox and mystical approaches into a single, coherent framework.

*Up from Eden: A Transpersonal View of Human Evolution* (1981). Drawing on theorists from Joseph Campbell to Jean Gebser, Wilber outlines humankind's evolutionary journey-and "dialectic of process"-from its primal past to its integral future.
†《에덴을 넘어》 조옥경 · 윤상일 옮김 | 한언출판사 | 2009

*The Holographic Paradigm and Other Paradoxes: Exploring the Leading Edge of Science* (1982). An anthology of contributions by prominent scientists and thinkers on the dialogue between science and religion.

*A Sociable God: Toward a New Understanding of Religion* (1983). A scholarly introduction to a system of reliable methods by which to adjudicate the legitimacy and authenticity of any religious movement.
†《켄 윌버의 신》 김영사 | 2016

*Eye to Eye: The Quest for the New Paradigm* (1983). An examination of three realms of knowledge: the empirical realm of the senses, the rational realm of the mind, and the contemplative realm of the spirit.

†《아이 투 아이》김철수 옮김 | 대원출판사 | 2004

*Quantum Questions: Mystical Writings of the World's Great Physicists* (1984). An anthology of nontechnical excerpts selected from the work of great physicists, including Heisenberg, Schroedinger, Einstein, de Broglie, Jeans, Planck, Pauli, and Eddington.

*Transformations of Consciousness: Conventional and Contemplative Perspectives on Development, by Ken Wilber, Jack Engler, and Daniel P. Brown* (1986). Nine essays exploring the full-spectrum model of human growth and development, from prepersonal to personal to transpersonal.

*Spiritual Choices: The Problem of Recognizing Authentic Paths to Inner Transformation, edited by Dick Anthony, Bruce Ecker, and Ken Wilber* (1987). Psychologists and spiritual teachers contribute to this study of religious movements, aimed at answering the dilemma of how to distinguish spiritual tyranny from legitimate spiritual authority.

*Grace and Grit: Spirituality and Healing in the Life and Death of Treya Killam Wilber* (1991). The moving story of Ken's marriage to Treya and the five-year journey that took them through her illness, treatment, and eventual death from breast cancer.

†《세상에서 가장 아름다운 용기》김재성 · 조옥경 옮김 | 한언출판사 | 2006

*Sex, Ecology, Spirituality: The Spirit of Evolution* (1995). The first volume of the Kosmos Trilogy and the book that introduced the 4-quadrant model. This tour de force of scholarship and vision traces the course of evolution from matter to life to mind (and possible higher future levels), and describes the common patterns that evolution takes in all three domains.

*A Brief History of Everything* (1996). A short, highly readable version of Sex, Ecology, Spirituality, written in an accessible, conversational style, without all the technical arguments and endnotes; the place to begin if new to his work.
†《모든 것의 역사》조효남 옮김 | 김영사 | 2015

*The Eye of Spirit: An Integral Vision for a World Gone Slightly Mad* (1997). Essays explore the Integral Approach to such fields as psychology, spirituality, anthropology, cultural studies, art and literary theory, ecology, feminism, and planetary transformation.

*The Marriage of Sense and Soul: Integrating Science and Religion* (1998). After surveying the world's great wisdom traditions and extracting features they all share, Wilber offers compelling arguments that not only are these compatible with scientific truth, they also share a similar scientific method.
†《감각과 영혼의 만남》조효남 옮김 | 범양사 | 2007

*The Essential Ken Wilber: An Introductory Reader* (1998). Brief passages from Wilber's most popular books, imparting the essence and flavor of his writings for newcomers to his work.

*One Taste: The Journals of Ken Wilber* (1999). A lively and entertaining glimpse into a year in the life of Ken Wilber.
†《켄 윌버의 일기》김명권·민회준 옮김 | 학지사 | 2010

*The Collected Works of Ken Wilber,* vols. 1-8 (1999-2000). An ongoing series.

*Integral Psychology: Consciousness, Spirit, Psychology, Therapy* (2000). A landmark study introducing the first truly integral psychology, this model includes waves of development, streams of development, states of consciousness, and the self, and follows the course of each from subconscious to self-conscious to superconscious.
†《켄 윌버의 통합심리학》조옥경 옮김 | 학지사 | 2008

*A Theory of Everything: An Integral Vision for Business, Politics, Science, and Spirituality* (2001). A compact summary of the Integral Approach as a genuine "world philosophy,"noteworthy because it includes many real-world applications in various fields. A popular choice for introductory reading.

*Boomeritis: A Novel That Will Set You Free* (2002). A combination of brilliant scholarship and wicked parody, the novel targets one of the most stubborn obstacles to realizing the integral vision: a disease of pluralism plus narcissism that Wilber calls "boomeritis."
† 《베이비붐 세대의 통찰(가제)》 김영사 | 2016

*The Simple Feeling of Being: Embracing Your True Nature* (2004). A collection of inspirational, mystical, and instructional passages drawn from Wilber's publications, compiled and edited by some of his senior students.

*Integral Spirituality: A Startling New Role for Religion in the Modern and Postmodern World* (2006). A theory of spirituality that honors the truths of premodernity, modernity, and postmodernity-including the revolutions in science and culture-while incorporating the essential insights of the great religions. This is a truly revolutionary book, hailed by critics as fundamentally changing the nature and role of religion and spirituality.

※ 더 많은 저술이 있으며, 공식 사이트 www.kenwilber.com을 참고하기 바란다.

# Credits

Creative Director: **Marco Morelli**
Zoosphere Creative Consulting, LLC(www.zoosphere.com)

Graphic Designer: **Paul Salamone**(www.paulsalamone.com)

Typeface courtesy of Mario Feliciano
(www.felicianotypefoundry.com)

*Featured Artists*

**Rommel DeLeon**(www.c4chaos.com)
pp. 6, 22~23, 24~25, 110~111, 142 (middle),
208~209, 210~211, 212

**Todd Guess**(www.toddguess.com)
pp. 14, 66, 80, 85, 160, 230

**Karl Eschenbach**(www.karleschenbach.com)
pp. 132, 164~165, 166~167, 168

**Nomali Perera**
pp. 62~63

**Kim Smith**(www.kesmit.com)
p. 222

*Other Contributing Artists*

Chad Baker/Ryan McVay — p. 12~13

David Brunner — p. 19

Marinko Tarlac — p. 29

Paul Salamone — p. 35 (earth image courtesy of NASA), 40, 55, 125, 148, 195

Kevin Russ — p. 46

Edward Koren — p. 53 (ⓒ The New Yorker Collection 1995 Edward Koren from cartoonbank.com. All Rights Reserved.)

Mark Pruitt — p. 64~65

Joseph Jean Rolland Dube — p. 71 (middle)

Maartje van Caspel — p. 71 (top), 95 (top right)

Klaas Lingbeek van Kranen — p. 71 (bottom)

Alex Bramwell — p. 76

Joel Morrison and Ken Wilber — p. 92, 112

Antonis Papantoniou — p. 95 (top left), 194

Lisa F. Young — p. 95 (bottom left)

Lloyd Paulson — p. 95 (bottom right)

Peter Chen — p. 101 (top left)

Amanda Rohde — p. 101 (upper right), 204 (middle)

Lise Gagne — p.101 (bottom left)

Eliza Snow — p. 101 (bottom right)

Jim Jurica — p.103

Kateryna Govorushchenko — p. 105

Ben Wright and Ken Wilber — p. 121, 220

Elena Ray — p. 128, 142 (top)

Vladimir Pomortsev — p. 142 (bottom)

Brand X Pictures — chap. 6, all "topographic body" images

Steve Self — p. 190

Andy Lim — p. 204 (left)

Oleg Prikhodko — p. 204 (right)

# 찾아보기

# 도표